essentials

Essentials liefern aktuelles Wissen in konzentrierter Form. Die Essenz dessen, worauf es als „State-of-the-Art" in der gegenwärtigen Fachdiskussion oder in der Praxis ankommt, komplett mit Zusammenfassung und aktuellen Literaturhinweisen. Essentials informieren schnell, unkompliziert und verständlich

- als Einführung in ein aktuelles Thema aus Ihrem Fachgebiet
- als Einstieg in ein für Sie noch unbekanntes Themenfeld
- als Einblick, um zum Thema mitreden zu können.

Die Bücher in elektronischer und gedruckter Form bringen das Expertenwissen von Springer-Fachautoren kompakt zur Darstellung. Sie sind besonders für die Nutzung als eBook auf Tablet-PCs, eBook-Readern und Smartphones geeignet.

Essentials: Wissensbausteine aus Wirtschaft und Gesellschaft, Medizin, Psychologie und Gesundheitsberufen, Technik und Naturwissenschaften. Von renommierten Autoren der Verlagsmarken Springer Gabler, Springer VS, Springer Medizin, Springer Spektrum, Springer Vieweg und Springer Psychologie.

Désirée Linde

Pädagogen-Burnout vermeiden

Selbsthilfe für gestresste Lehrer

Désirée Linde
Wedel
Deutschland

ISSN 2197-6708 ISSN 2197-6716 (electronic)
essentials
ISBN 978-3-658-12857-9 ISBN 978-3-658-12858-6 (eBook)
DOI 10.1007/978-3-658-12858-6

Die Deutsche Nationalbibliothek verzeichnet diese Publikation in der Deutschen Nationalbibliografie; detaillierte bibliografische Daten sind im Internet über http://dnb.d-nb.de abrufbar.

Springer

Gedruckt auf säurefreiem und chlorfrei gebleichtem Papier

Springer Fachmedien Wiesbaden ist Teil der Fachverlagsgruppe Springer Science+Business Media (www.springer.com)

Was Sie in diesem Essential finden können

- Erweiterung der Selbstkompetenz als Person und als Lehrer
- Stressreduktion durch einen veränderten Umgang mit sich selbst
- Die Tücken des außerunterrichtlichen Arbeitsbereichs leichter bewältigen
- Steigerung der eigenen und der Motivation der Schüler
- Souveräner Umgang mit belastendem Schülerverhalten

Vorwort

Die Anforderungen an Lehrerinnen und Lehrer sind in den letzten Jahren besonders durch die Veränderung der Schülerschaft und viele Reformen zunehmend größer geworden, wodurch die Stressbelastung enorm gestiegen ist. Es fehlt nicht an Ratgebern, wie die immer umfangreicheren Aufgaben besser zu bewältigen sind, sowohl von Psychologen, die z. B. Burnout gefährdete Lehrer in psychosomatischen Kliniken betreuen, als auch von Lehrerkollegen, die Tipps aus ihrem Schulalltag geben. Beide Herangehensweisen vereint Désirée Linde (2015) in ihrem Buch „Burnout vermeiden – Berufsfreude gewinnen", Praxisleitfaden zum Restart für Lehrer und pädagogische Fachkräfte.

Bezugnehmend auf dieses Hauptwerk entstand das vorliegende Essential, das Lehrern ihren stark fordernden Alltag erleichtern soll. In kurzer Form werden die relevanten psychologischen Grundlagen und wie sie in die tägliche Praxis umgesetzt werden, dargestellt.

Inhaltsverzeichnis

1 Wie Sie eine stärkere Verpflichtung sich selbst gegenüber eingehen

Als stressgeplagter, bisweilen erschöpfter Lehrer fühlen wir uns vielen Seiten gegenüber verpflichtet: in erster Linie natürlich den uns anvertrauten Schülern, der Schulleitung, den Kollegen und last not least den Eltern der Schüler gegenüber. Und wo bleiben wir selbst dabei? Woher soll die Kraft für Erfüllung all dieser Aufgaben kommen, wenn wir uns selbst dabei vergessen haben? Alles, was wir für unser Wohlbefinden tun, kommt unseren Schülern zugute. Niemand kann ein wirklich guter Lehrer sein bzw. bleiben, wenn es ihm selbst schlecht geht. Deshalb müssen wir eine starke Verpflichtung uns selbst gegenüber eingehen. Das bedeutet, liebevoll und fürsorglich mit uns selbst umgehen. Selbstliebe ist kein Narzissmus, so wie Liebe keine Affenliebe ist.

1.1 Verbesserung der Selbstkommunikation

Loben Sie sich manchmal oder kennen Sie nur Selbstvorwürfe, wenn etwas nicht nach Wunsch gelaufen oder gar danebengegangen ist? Überlegen Sie, wie man als Kind mit Ihnen umgegangen ist, wenn Sie etwas falsch gemacht haben. Diese Elterninstanz sitzt noch in uns selbst und tröstet oder richtet unbarmherzig. Viele von uns treibt die strenge Erziehung der Bezugspersonen in unserer Kindheit in den Perfektionismus, und alles, was nicht ganz perfekt ist, verurteilen wir. Theoretisch wissen wir natürlich, dass niemand perfekt ist. Aber in der Praxis tun wir so, als ob alle anderen alles richtig machen, nur wir selbst nicht. Wie sollen wir da unseren Schülern gegenüber großzügig und wertschätzend sein, wenn wir es an uns selbst nicht üben? Woher soll die Geduld kommen, die eine der wichtigsten Lehrertugenden ist, wenn wir uns selbst gegenüber ungeduldig sind? Nehmen wir den Saboteur in uns in Gestalt von Perfektionismus, Aufschieberitis, falscher Opferbereitschaft und weiteren selbstschädigenden Verhaltensweisen an die Zügel.

D. Linde, *Pädagogen-Burnout vermeiden,* essentials,
DOI 10.1007/978-3-658-12858-6_1

Der erste Schritt zu einem glücklicheren Lehrer ist die Freundlichkeit zu uns selbst. Dafür könnten wir als erstes an unserer **Selbstliebe** arbeiten. Wenn wir lernen, so gut zu uns selbst zu sein, wie wir zu unseren engsten Freunden sind, haben wir schon viel gewonnen. Wenn wir unseren Blick auf unsere positiven Seiten richten, werden wir nicht gleich zum Narziss, sondern gewöhnen uns an, bei Menschen möglichst viel Positives wahrzunehmen. So macht uns Selbstliebe auch anderen gegenüber verständnisvoller und toleranter. Wenn wir schlecht mit uns umgehen, fällt es uns schwerer, zu unseren Schülern wertschätzend und geduldig zu sein. Mangelnde Fürsorge uns selbst gegenüber, kann bei den Anforderungen, die an uns als Lehrer gestellt werden, zu Erschöpfung, Erschöpfungsdepression und schließlich zum Burnout führen. Wir müssen die Verantwortung für uns selbst übernehmen, um nicht Opfer der belastenden Umstände zu werden.

Der nächste Schritt ist die Entwicklung von **Selbstmitgefühl**, was nicht verwechselt werden darf mit Selbstmitleid, der deprimierenden Schwester. Was sagen Sie zu Freunden, wenn ihnen etwas misslungen ist? Richtig: Sie trösten. Auch wir selbst verdienen Mitgefühl, wenn uns etwas schief gegangen ist. Selbstmitgefühl stärkt unsere Selbstheilungskräfte und unsere Resilienz, d. h. dass wir uns nach schlimmen Ereignissen schneller erholen können. In Untersuchungen von K. Neff (2012) korreliert es signifikant mit Bewältigungsstrategien und führt zu einem stabileren Selbstwertgefühl. Dadurch werden wir stressresistenter. Mit allen Menschen haben wir gemeinsam, dass wir schwierige und traurige Erfahrungen machen müssen. Selbstmitgefühl führt auch zu mehr Verbundenheit mit anderen.

Der Weg, um mehr Selbstfreundlichkeit und Selbstmitgefühl zu entwickeln, führt über die **Achtsamkeit**. Sie senkt die Erregbarkeit und hilft daher, negative Effekte zu regulieren. Wenn wir uns verändern wollen, müssen wir achtsam unseren Körper und unsere Gefühle wahrnehmen. Dazu gehört vor allem eine ruhige Atmung. Entspannung geht immer mit tiefer Atmung einher. Wir achten darauf so oft wie möglich. Dann sind wir auch in Stresssituationen spontan fähig, die Spannung zu reduzieren. Als Lehrer müssen wir ofthäufig sehr schnelle Entscheidungen treffen. Wie aber soll unser Gehirn eine gute Lösung liefern können, wenn es gerade von Stresshormonen überschwemmt wird? Dann geht es uns, wie dem Studenten mit dem Blackout in der Prüfung. Die Achtsamkeit auf unsere Gefühle und unseren Körper gibt uns die nötige Ruhe und die Fähigkeit, so zu reagieren, wie wir es auch im Nachhinein gut finden. Je mehr wir uns in unserer Mitte befinden und nicht „außer uns" sind, desto authentischer und souveräner ist unser Verhalten. Damit haben wir auch den besten Zugang zu unseren Ressourcen. Das kann uns im Umgang mit schwierigen Schülern sehr helfen.

Es fällt uns leichter, wenn wir ein Entspannungstraining wie das autogene Training, die progressive Muskelentspannung oder eine Art von Meditation richtig gelernt haben. Aber es gibt auch Möglichkeiten der Kurzentspannung. In aufregenden

Situationen, wie sie bei Aggressionen leicht entstehen, haben wir die Möglichkeit, durch Achtsamkeit unsere Atmung zu regulieren, d. h. statt der Hochatmung, die bei Stressgefühlen vorherrscht, atmen wir tief in den Bauch und die Flanken. Bei der Ausatmung können wir spüren, wie sich Spannungen lösen. Haben wir eine Minute für uns ganz allein, z. B. in der Pause, können wir uns durch 60 s Lächeltraining (nach Birkenbihl 1989) wieder auf konstruktivere Gedanken bringen. Wir machen also eine Minute lang ein lachendes Gesicht, was ja zunächst unserer Gemütslage nicht entspricht (ggf. mit Taschenspiegelkontrolle). Jeder, der das ausprobiert, wird merken, dass es ihm danach besser geht. Eine weitere Möglichkeit der Kurzentspannung ist das Denken an die individuell entwickelte Ruheszene. Das ist eine Situation, die Sie schon einmal erlebt haben, oder die Sie sich mit allen Sinnen deutlich vorstellen können. Ein Beispiel: *Sie liegen am Strand im warmen Sand, die Augen geschlossen. Hinter Ihren Lidern scheint die Sonne hell. Sie spüren ihre Wärme auf dem Körper. Sie hören die Wellen rauschen. Es riecht nach Meer, und Ihre Lippen schmecken etwas salzig.* Ein kurzer Gedanke an die eigene Ruheszene wirkt schon entspannend und bewirkt wieder Zugang zu unseren Ressourcen.

TIPPS: Womit Sie sofort anfangen können

- *Ich achte darauf, mich so oft wie möglich zu ermutigen und anzuerkennen.*
- *Ich freue mich, wenn etwas „immer öfter" gelingt.*
- *Passiert mir etwas Schlimmes oder auch nur Unangenehmes, so tröste ich mich bewusst.*
- *Wenn ich einen Fehler gemacht habe, untersuche ich ohne Selbstvorwürfe sachlich woran es lag.*
- *Mehrmals am Tag und besonders in schwierigen Situationen konzentriere ich mich auf meine Atmung.*
- *Ich gewöhne mich an meine bevorzugte Kurzentspannung und wende sie möglichst immer in Stresssituationen an.*

1.2 Stärkung der Selbstsicherheit

Unsere Schüler brauchen selbstsichere Lehrer! Wie ein Seismograph erspüren sie Unsicherheiten und nützen sie für schulfremde Zwecke aus. Bereits zu Beginn der Unterrichtsstunde stellen wir durch eine selbstsichere Körpersprache die nötige Arbeitsruhe her. Das heißt, wir stehen aufrecht, unsere Körperspannung drückt Aktivität aus. Wir geben das Stillezeichen, überblicken die Klasse und warten mit

Geduld und dem „Wissen", dass es gleich leise wird. Auch dabei hilft uns wieder das Achten auf die Atmung.

Sind Lehrer übermäßig gestresst und erschöpft, nagt das an ihrem **Selbstwertgefühl**. Deshalb hilft es, daran zu arbeiten. Die Investition lohnt sich. Wir alle haben eine natürliche Selbstsicherheit mit auf die Welt gebracht. Im Laufe unserer Sozialisation gingen bei fast allen von uns Teile davon verloren. Das heißt, niemand ist in allen Bereichen selbstsicher oder selbstunsicher. Denken Sie in Ruhe darüber nach, was Positives über Sie als Kind gesagt wurde, wo man Sie ermutigt hat, wie Ihre Eltern mit Fehlern oder Misserfolgen umgegangen sind. Wie wichtig war es in Ihrer Kindheit, was andere sagen? Selbstunsicherheit ist eine soziale Angst. Wir befürchten, uns vor anderen zu blamieren oder sie zu verärgern, so dass sie uns ablehnen könnten, z. B. wenn wir unsere Grenzen verteidigen, indem wir „Nein" sagen. Welche negativen Botschaften aus Ihrer Erziehung sind heute noch wirksam? Sie lassen sich überwinden mit Selbstfreundlichkeit, Selbstmitgefühl und Achtsamkeit.

Unter **Selbstsicherheit** verstehen wir die Fähigkeit, unsere eigenen Rechte und Grenzen wahrzunehmen und zu verteidigen, ohne dabei die Rechte anderer zu schmälern. Lassen wir uns von anderen darin beeinträchtigen, so zeugt das von Selbstunsicherheit. Ebenso ist es kein Ausdruck von Selbstsicherheit, wenn jemand versucht, die Rechte anderer einzuschränken. Das wäre Aggression, die auch oft aus Unsicherheit und Angst resultiert. Selbstliebe hilft uns, an unserer Selbstsicherheit zu arbeiten.

Ein selbstsicherer Lehrer wird sich bei einem Schüler entschuldigen, wenn er im Unrecht ist. Er wird zugeben, wenn er etwas nicht weiß. Eine offensichtlich zu anspruchsvolle Klassenarbeit lässt er wiederholen, statt die Schüler als Dummköpfe zu verurteilen. Er kann einen Schüler auch bei einer „Entgleisung" ruhig und wertschätzend behandeln usw.

TIPPS: Womit Sie sofort anfangen können

- *Ich mache mir Erfolgserlebnisse bewusst (statt mich festzubeißen, an dem was nicht so geklappt hat).*
- *Ich beobachte meine Stärken im Bereich Selbstsicherheit und freue mich daran.*
- *Ich untersuche meine persönlichen Defizite meiner Selbstsicherheit und arbeite daran.*

1.3 Kommunikation und Konfliktfähigkeit

In unserer Arbeit als Lehrer spielt Kommunikation eine entscheidende Rolle. Sobald wir die Schule betreten sprechen wir – mit Schülern, Kollegen, manchmal auch mit Eltern. Auch Telefongespräche mit verschiedenen Stellen gehören dazu. Wie immer ist es gut, wenn wir bei uns selbst beginnen. Wie sieht es mit unserer **Selbstkommunikation** aus? Sind wir freundlich zu uns oder herrschen Sätze vor wie *„Du Trottel, das kann ja wieder nur dir passieren!"*? Worte sind der Stoff, mit dem Gedanken konkret werden. Gehen wir hierbei freundlicher und liebevoller mit uns selbst um, wird das zu der Gewohnheit, die wir auch unseren Schülern gegenüber zeigen wollen.

Es hilft uns in unserer Arbeit enorm, wenn wir uns zu einem Kommunikationsprofi entwickeln. Dazu gehört als Erstes, sich für den Empfänger **verständlich** auszudrücken. Das bedeutet, jeden Sachverhalt so einfach und kurz wie möglich zu formulieren, bei längeren Mitteilungen auch gegliedert. Dabei machen wir zwischen den einzelnen Punkten kleine Pausen, damit der Empfänger es leichter speichert. In der Schule sind es z. B. Arbeitsaufträge, die mehrere Schritte enthalten. Bei schwierigeren Sachverhalten helfen Beispiele, die ein Bild oder eine Vorstellung erzeugen. Dennoch müssen wir uns bewusst sein, dass beim Empfänger oft nicht das ankommt, was wir mitteilen wollten, ebenso dass der andere nicht alles gehört hat, was wir ihm gesagt haben. *„Das hast du mir nicht gesagt!"* Ein Streit darüber, was wirklich besprochen wurde, ist demnach sinnlos. Besser ist es zu antworten: *„Ich habe es nicht gehört."* Die erste Tugend der Kommunikation ist also das **Zuhören**. Fragen und Zuhören bilden den Königsweg der Kommunikation. Es erleichtert den Fortgang des Gesprächs, wenn wir genau wissen, was der Gesprächspartner aufgenommen hat.

Jede Nachricht hat vier Aspekte. F. Schulz von Thun (2010) nennt sie das **Quadrat der Mitteilung.** Sie enthält eine Sachaussage, der Sprecher teilt etwas über sich selbst mit, sowie etwas darüber, wie er zum Empfänger steht. Darüber hinaus steht zwischen den Zeilen noch ein Appell.

Beispiel

Ein Schüler kommt ohne Hausaufgabe. Er sagt: „Entschuldigen Sie bitte, ich habe meine Hausaufgabe vergessen". Sachaussage: *Er hat keine Hausaufgabe.* Selbstaussage: *Er akzeptiert die Regel (entschuldigen Sie bitte) und stellt sich so unschuldig wie möglich dar (Jeder kann etwas vergessen).* Beziehungsaussage: *Er ist dem Lehrer diese Arbeit schuldig.* Appell: *„Seien Sie nicht so streng mit mir."*

Dabei wählt der Empfänger, welche(n) Aspekt(e) er schwerpunktmäßig wahrnehmen will. Schulz von Thun nennt das **„Hören mit vier Ohren“**. In unserem Beispiel bedeutet das Folgendes: Ist der Schwerpunkt auf der Sachaussage, so bietet der Lehrer wahrscheinlich eine sachliche Lösung an: *„Dann mach sie bitte bis morgen nach.“* Hört er die Selbstaussage, gibt er vielleicht einen Rat: *„Du könntest dir in dein Aufgabenheft schreiben, was du tun musst. Dann vergisst du es nicht so leicht.“* Hat die Beziehungsaussage das Übergewicht, so könnte er antworten: *„Aber bei anderen Lehrern vergisst du deine Aufgaben doch auch nicht.“* Hört er hingegen den Appell im Vordergrund, tröstet er vielleicht: *„Jeder kann etwas vergessen. Mach sie einfach bis morgen nach.“*

Um gut kommunizieren zu können, ist es das Allerwichtigste, sich positiv auszudrücken. Vereinfacht dargestellt, haben wir in unserem Gehirn Areale des logischen und abstrakten Denkens und solche, die bildliche Vorstellungen verarbeiten. Alles, wovon wir uns ein genaues „Bild machen“ können, das haben wir auch genau verstanden. Das Bild, das unsere Mitteilung beim Empfänger erzeugt, bestimmt, was bei ihm ankommt. Es gibt keine negativen Bilder! Das Unbewusste nimmt alles wörtlich. Deshalb ist es unerlässlich, vor allem auch im Bereich der Erziehung, sich positiv auszudrücken. Ein Lehrer sagt z. B.: „ Ihr sollt nicht immer so schnell die Treppe hinunter rennen. Ihr könntet stürzen.“ Was sind das für Bilder? Die Schülergehirne speichern: rennen, stürzen. Positiv ausgedrückt heißt das: „Bitte geht langsam die Treppe hinunter, damit ihr heil unten ankommt.“ Das Bild ist ein völlig anderes. Manche Schulordnungen sind so voller Verbote, was die Schüler alles **nicht** tun sollen, dass sie sich wie Anleitungen zu Normverstößen lesen.

Zur positiven Sprache gehört, negative Wörter wie „schwierig“, „Problem“ zu ersetzen durch positivere wie „anspruchsvoll“, „Herausforderung“, sowie alle Weichmacher wie *„Ich will versuchen, ich muss, ich sollte, ich würde, vielleicht usw.“* durch kraftvolle Ausdrücke. George Walther (1992) nennt das „Powertalking“. Er schlägt vor, das Wörtchen *„gern“* zu verwenden, wenn wir etwas für andere tun, außerdem mit klaren Formulierungen wie *„ich will, ich werde“* zu unseren Aussagen zu stehen. Es ist ein großer Unterschied, ob ein Lehrer sagt: *„Ich will versuchen, die Arbeit am Wochenende fertig zu korrigieren.“ „Dann muss ich es dir eben noch einmal erklären.“* Oder: *„Ich werde euch die Arbeit am Montag zurückgeben.“ „Ich erkläre es dir gern noch einmal.“* Die positive Sprache wird leichter verstanden und erzeugt bei Sender und Empfänger eine angenehmere Atmosphäre.

Ein Bereich der erfolgreichen Kommunikation ist der **Humor**. Er nimmt die Stressreaktion aus vielen schwierigen Situationen. Wir könnten unseren Blick schärfen für die komische Seite daran. Lachen entspannt uns und die Klasse. Daraus entwickeln sich mit der Zeit auch schlagfertigere Reaktionen, denn ein entspanntes Gehirn hat bessere Einfälle. Dass unsere Schlagfertigkeit sich dann nicht gegen einzelne Schüler richtet, versteht sich von selbst. Die Lehrer, die immer „die Lacher auf ihrer Seite“ haben wollten, gehören früheren Generationen an. Über uns selbst lachen zu können, fördert darüber hinaus die Lehrer-Schüler-Beziehung und trägt zur allgemeinen Entspannung bei.

Im Bereich der schulischen Kommunikation ist es vielen von uns ein Anliegen, Schüler überzeugen zu können. Die Kunst der Überzeugung besteht aus mehreren Zutaten. Dabei muss uns von vornherein klar sein, dass man niemanden überzeugen kann, sondern dass jeder, der überzeugt wird, diesen Akt selbst vollzieht, aufgrund der (auch emotionalen) Voraussetzungen und Informationen, die wir ihm bieten. Gehen wir bei diesen Instruktionen von unseren eigenen Vorstellungen aus, oder wollen wir gar belehren, so haben wir schon verloren. Die erste und wichtigste Zutat ist das intensive Zuhören und empathische Verstehen, um zu erfahren, was der anderen Person wirklich wichtig ist. Dazu gehört herauszufinden, weshalb sie die in Frage kommende Überzeugung noch nicht hat. Wo gibt es Hindernisse, und welcher Art sind sie? Welche Informationen helfen der Person weiter? Die zweite Zutat ist die Freundlichkeit und Wertschätzung, die wir unserem Gegenüber vermitteln. Das geschieht vor allem körpersprachlich und paralinguistisch, also durch Ton und Stimmlage. Klingen unsere Fragen nach ehrlichem Interesse oder hört der andere schon die erwünschte Antwort heraus? Die dritte Zutat ist das Vermitteln durch Zusammenfassen in eigenen Worten, was wir verstanden haben. Wird unser Gegenüber ermutigt, das ggf. zu korrigieren? Wenn die Überzeugung überhaupt möglich ist, wird es uns mit diesen Zutaten gelingen.

Sie helfen uns auch bei der **Lösung von Konflikten**. Ein Konflikt unterscheidet sich von momentanem Ärger oder schlechter Stimmung. Er ist definiert davon, dass zwei oder mehr etwa gleich starke Bedürfnisse einander ausschließen. Eine echte Konflikt**lösung** ist nur eine, mit der alle Konfliktpartner zufrieden sind und durch die sich niemand übervorteilt fühlt. Um den Konflikt lösen zu können, müssen wir diesen zunächst verstehen. Die Schritte der Konfliktlösung folgen der Darstellung von Thomas Gordon (1977). Sein erster Schritt heißt: Konfliktdefinition. Die Vorfrage dazu heißt: Was will jeder der Konfliktbeteiligten? Was braucht er unbedingt, was wäre angenehm und was ggf. verzichtbar? Dazu ist es notwendig, den Standpunkt des/der Konfliktpartner(s) zu erfahren und unseren eigenen darzulegen. Die Bedürfnisse von anderen erkunden wir wieder durch Fragen und intensives Zuhören, wobei wir darauf achten müssen, das Gespräch zu fördern und nicht etwa durch Gesprächsstörer, „Straßensperren“, wie Gordon es nennt, abbrechen zu lassen. In Abb. 1.1 (s. Linde 2015) sind die beiden Aussagearten einander gegenübergestellt. Es versteht sich von selbst, dass wir Konflikte nur lösen können, wenn wir bei dieser Arbeit unserem Gegenüber auch Interesse und Wertschätzung zeigen. Das Gefährlichste sind sogenannte „Killerphrasen“, z. B. „Sie haben doch sowieso keine Ahnung davon.“

Gesprächsförderer	**Gesprächsstörer**
Entschlüsselungen mitteilen *(Habe ich dich richtig verstanden, du meinst ...?)* Verbalisieren von vermuteten Gefühlen („... *und da bist du wütend geworden?"*) Informationssuche („*Woran könnte das liegen? Was meinst du?"*) Mitteilung eigener Gefühle *(Ich-Botschaften)* Blickkontakt Zuhörsignale, nonverbal gezeigte Aufmerksamkeit Ruhige, entspannte Sprache Insgesamt eine wertschätzende Haltung	Befehlen, Anordnen („*Tu jetzt, was ich dir sage ..."*) Warnen, Drohen („*Wenn du nicht ..., dann..."*) Moralisieren, Zureden („*Du weißt, dass ein anständiger Mensch solche Wörter nicht sagt!"*) Ratschläge geben, Belehren („*Üb doch einfach jeden Tag eine Viertelstunde 1 x 1, dann lernst du es auch."*) Herabsetzen, Kritisieren, Beschuldigen („*Das war sehr feige, was du getan hast."*) Beschimpfen, Etikettieren („*Du bist und bleibst ein Schläger."*) Interpretieren, Psychologisieren („*Du machst das nur, weil du auf Max neidisch bist."*) Loben (*Schüler mit einem schwachen Selbstwertgefühl, fühlen sich bei Lob unverstanden. Besser ist eine positive, streng sachliche Rückmeldung. Also nicht: „Das hast du super gemacht", sondern „Diese Aufgaben sind alle richtig."*) Beruhigen, Trösten in der Art von Abwehr des Mitgeteilten („*Das wird schon wieder." Dabei fühlt sich niemand verstanden.)* Wechsel des Themas Beenden des Blickkontakts

Abb. 1.1 Gesprächsförderer versus Gesprächsstörer

Unsere eigenen Bedürfnisse stellen wir in Form von Ich-Aussagen dar. Der Anteil des Konfliktpartners wird dabei streng sachlich formuliert, z. B. „*Wenn ihr das Geld für die Klassenreise nicht bis Montag mitbringt...* ". Dann folgt die sachliche Konsequenz für mich „*muss ich den fehlenden Betrag von meinem eigenen Konto überweisen...* ", sodann die emotionale Bedeutung: „*das ärgert mich, weil ich auch befürchte, dass ich das Geld dann noch lange nicht bekomme*". Das ist ehrlich und authentisch und wird daher viel leichter verstanden als ggf. Vorwürfe oder sogar Herabwürdigungen. Natürlich ist eine Ich-Aussage keine Garantie, dass unsere Wünsche erfüllt werden. Die Wahrscheinlichkeit ist aber größer und die Beziehung wird weniger belastet. Vergleichen wir dazu die entsprechende Du-Aussage: „*Es ist ziemlich rücksichtslos von einigen von euch, dass sie die Klassenreise immer noch nicht bezahlt haben. Ich will, dass am Montag endlich alles erledigt ist.*"

Eine ideale Konfliktlösung ist immer ein Win-win-Ergebnis für beide, aber auch ein Kompromiss, mit dem beide zufrieden sind, ist ein Erfolg. Der zweite Schritt nach der Konfliktdefinition besteht aus dem sog. Brainstorming, dem Zusammentragen möglicher Lösungen, ohne Bewertung, die im Vorwege die Kreativität behindern würde. Im dritten Schritt wird eine Lösung aus den gefundenen Möglichkeiten erarbeitet und im letzten Schritt verabschiedet. Es kann nach einer festgelegten Zeit besprochen werden, ob die Lösung funktioniert oder wie sie ggf. modifiziert werden müsste. Nicht alle Schwierigkeiten sind ein Konflikt. Manches lässt sich durch Festlegungen mit klaren, sich aus der Sache ergebenden Konsequenzen regeln: Zum Beispiel: *Räumen die Schüler nicht am Ende der Sportstunde gemeinsam auf, kann kein Zirkeltraining stattfinden.*

TIPPS: Womit Sie sofort anfangen können

- *Ich verstärke meine Fähigkeit, ganz entspannt und konzentriert zuzuhören.*
- *Ich höre besonders, welche Botschaften hinter der Sachaussage stehen (was mein Gesprächspartner über sich sagt, wie er unsere Beziehung sieht und wozu er mich veranlassen möchte).*
- *Ich achte darauf, mich positiv auszudrücken.*
- *Ich verstärke bei mir Humor und Lächeln.*
- *Statt Vorwürfe verwende ich Ich-Botschaften.*
- *Ich verhindere Gesprächsstörer und meide Killerphrasen.*
- *Bei Konflikten achte ich darauf, dass die Lösung für alle befriedigend ist.*

1.4 Selbstcoaching durch Organisation (Zeitplanung, zielorientiertes Verhalten, gute Gewohnheiten)

Der Beruf des Lehrers findet an zwei verschiedenen Arbeitsplätzen statt, wobei der schulische genau vorstrukturiert ist, der häusliche dagegen gar nicht. Natürlich muss auch die Unterrichtsarbeit organisiert sein, in dem Sinne, dass wir vorbereitet und mit den nötigen Materialien ausgestattet in die Klasse kommen. Ebenso trägt es zum Erfolg der Schüler bei, wenn wir sie zur Ordnung in ihren Sachen erziehen. Das Abheften in den richtigen Ordner und das Aufräumen kosten zwar Unterrichtszeit, aber es trägt Früchte, die uns eine Menge Stress ersparen. *„A stitch in time saves nine!“*

Bei der häuslichen Arbeit (s. Kap. 2) sind wir frei, was wir wie und wann tun. Das birgt die Gefahr, dass im schlimmsten Fall unser gesamtes Privatleben vom Schulalltag „aufgefressen" wird. Das kann in der Folge zu großer Unzufriedenheit und Erschöpfung bis hin zum Burnout führen. Die Rettung ist ein gutes **Zeitmanagement**. Für manchen Kollegen klingt das nach einer zusätzlichen Forderung, gegen die sich alles in ihm sträubt. Er unterliegt dem Irrtum, Zeitmanagement wäre dazu da, sich abzuhetzen, um noch mehr arbeiten zu können. Das Gegenteil ist der Fall.

Der Satz „Ich habe keine Zeit." ist Unsinn. Solange wir leben, haben wir genau 24 h am Tag. Da wir nicht alles tun können, müssen wir eine Auswahl treffen. Menschen, die ihre Zeit verwenden, um ihre Ziele zu verwirklichen und Freude am Leben zu haben, sind die glücklichsten. Die Berufsarbeit ist wichtig. Sie ernährt uns und gibt uns Gelegenheit zur Selbstverwirklichung. Sie gehört also zu unseren wichtigsten Aufgaben, den sog. A-Aufgaben, wie Seiwert (2007) sie nennt. Nicht ganz so wichtig sind B-Aufgaben, die wir ebenfalls selbst erledigen müssen. C-Aufgaben dagegen sind Routineaufgaben, die später ausgeführt oder manchmal auch delegiert werden könnten. Viele Menschen fangen mit den C-Aufgaben an, weil sie leicht und schnell von der Hand gehen. Das erscheint bequem, wird aber teuer bezahlt, wenn für die A- und B-Aufgaben dann die Zeit nicht reicht. Das stresst!

Um ein erfolgreicher Manager unserer Zeit zu werden, verschaffen wir uns einen Überblick über die Dinge, die wir darin unterbringen wollen. Sie könnten sich eine Mindmap erstellen, wie in Abb. 1.2 dargestellt (vergl. Linde 2015).

Wenn Lehrer mit ihrer Arbeit ihre anderen Lebensbereiche wie Sorge für die Gesundheit, Pflege von Beziehungen und Lebensfreude (s. auch Abschn. 3.1) quasi ersticken, folgt mit Sicherheit eine Erschöpfungsdepression bis hin zum Burnout. Um uns selbst hierin erfolgreich zu coachen, führen wir ein Zeitplanbuch, in das wir alle Vorhaben eintragen. Wir gewichten sie und notieren A, B oder C daneben. Da Pläne durch Unvorhergesehenes geändert werden müssen, können wir mit gutem Gewissen die C-Aufgaben verschieben. Aber nicht so lange, bis sie sich zu A-Aufgaben auswachsen. Prokrastination („Aufschieberitis") ist ein böser Zeitdieb. *Die lange Bank ist des Teufels liebstes Möbelstück!*

Mit Hilfe Ihrer selbsterstellten Mindmap klären Sie für sich, was Sie ändern wollen, um sich (noch) besser zu fühlen. Welche **Ziele** haben Sie für sich außerhalb des schulischen Bereichs. Wir schreiben sie uns auf und ziehen dabei den Nutzen aus der Macht des Schriftlichen. In verschiedenen Langzeitstudien mit Hochschulabsolventen wurde immer wieder nachgewiesen, dass die Graduierten, die bewusste Ziele hatten, mehr erreichten, als die ohne solche Ziele. Am besten aber haben diejenigen abgeschnitten, die ihre Ziele auch noch schriftlich formuliert hatten. Profitieren wir von diesen Erkenntnissen und ordnen unsere Liste in ein Ranking. Beginnen wir dann mit dem wichtigsten Ziel, definieren es operational, d. h. von

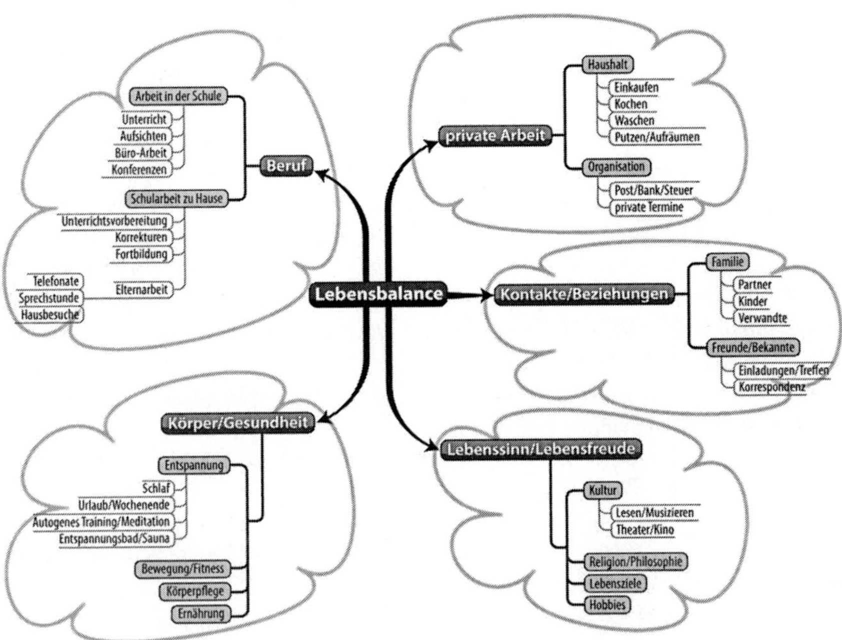

Abb. 1.2 Mindmap zur Lebensbalance

außen nachvollziehbar, und zerlegen es in sicher erreichbare Teilziele, wie wir das für unsere Schüler auch machen. Es ist zwar menschlich, alles auf einmal zu wollen, aber dass das unmöglich ist, haben wir schon schmerzlich erfahren. Wir müssen unser Ziel quantitativ oder qualitativ genau definieren und dem Erreichen der Teilziele einen Zeitpunkt zuordnen, um uns überprüfen zu können. Außerdem bekommen wir leider nichts umsonst. Damit wir so erfolgreich sind, wie wir uns wünschen, müssen wir Opfer bringen. Bevor wir also aktiv werden, fragen wir uns, ob es uns das wert ist, um kein Scheitern erleben zu müssen. Zum Beispiel: *Ziel: Neuorganisation meiner Arbeitsmaterialien. 1. Teilziel: alle Materialien für das Fach Englisch jahrgangsentsprechend in Ordner abheften (bzw. solche Ordner im PC anlegen). Zu erledigen bis 1. Oktober 20XX). Vorteil: große Zeitersparnis bei der Vorbereitung. Opfer: Ich muss Y Stunden Arbeit investieren.*

Wollen wir **Gewohnheiten** verändern, so muss uns klar sein, dass das trotz unserer guten Absichten Zeit braucht, nämlich mindestens sechs Wochen, bis die neue Gewohnheit „sitzt". Zuerst ist die neue Nervenspur nur ein schmaler Pfad. Durch ständige Benutzung wird er zur Straße – später zur Schnellstraße. In dieser

Zeit gehen wir besonders freundlich und geduldig mit uns um und trösten uns für jeden kleinen Rückschlag. Das gibt uns die Kraft zum Durchhalten.

Gute Gewohnheiten sind sehr nützlich, denn sie sparen viel Kraft! Wenn man einen Zug in Bewegung setzen will, kostet das eine Menge Energie, bis er dann auf den Schienen leicht dahinrollt. Dann läuft er mit einem Minimum an Energie. Zum Beispiel: *Jemand nimmt sich vor, zweimal in der Woche zu joggen. An einem Tag hatte er besonders viel Stress und ist zu müde. Am nächsten Tag regnet es. Am dritten ... Irgendwie klappt es einfach nicht. Ein anderer entscheidet sich, jeden Dienstag und Donnerstag vor dem Frühstück eine halbe Stunde zu laufen. Er überwindet sich an dem „müden" Tag. Er joggt auch (ungern) trotz Regen. Nach ein paar Wochen braucht er keine Kraft mehr für eine Entscheidung. Seine Füße springen von selbst dienstags und donnerstags in die Laufschuhe. Er hat eine gute Gewohnheit entwickelt.*

Vor jeder zielorientiert durchgeführten Veränderung steht eine durchdachte und bewusste **Entscheidung**. Sie ist eine Art Vertrag mit uns selbst und stattet uns mit viel Energie aus, damit wir uns gegen die vielen „Abers" unseres „inneren Schweinehunds" durchsetzen können. Auch diese Entscheidung können wir uns zusammen mit unseren Wünschen und Zielen in ein kleines Erfolgstagebuch schreiben. Dieses kann auch einen Kalender enthalten, auf dem wir jeden Tag unsere kleinen Zeichen (z. B. „*", „+") notieren und uns loben!

TIPPS: Womit Sie sofort anfangen können

- *Ich zeichne mir eine Mindmap und überlege, wofür ich, um besser mit mir selbst umzugehen, mehr Zeit investieren möchte.*
- *Ich schreibe abends auf, was ich am nächsten Tag tun will und ordne die Aufgaben in A-, B- und C-Aufgaben.*
- *Ich lobe mich am nächsten Abend für die Erreichung der A- und B-Aufgaben.*
- *Unangenehmes erledige ich so schnell wie möglich mit dem Selbststarter „Tu es gleich!"*
- *Ich überlege, aus welchen meiner Wünsche ich operational definierte Ziele schriftlich (!) formulieren möchte. Dabei mache ich mir klar, welche Opfer ich für das jeweilige Ziel bringen müsste.*
- *Ich zerlege mein wichtigstes Ziel in erreichbare Einheiten und bestimme jeweils den Zeitpunkt der Erreichung.*
- *Ich treffe starke Entscheidungen, die mir Startkraft verleihen.*
- *Ich bin sehr geduldig mit mir, bis meine neue Gewohnheit wie von selbst läuft.*
- *Ich führe ein „Erfolgsbüchlein" und gebe mir ganz viel Anerkennung.*

2 Wie Sie außerunterrichtliche Pflichten effektiv erledigen

2.1 Gestaltung des häuslichen Arbeitsplatzes

Die meisten unserer außerunterrichtlichen Pflichten gehören zu unserem zweiten, selbst organisierten Arbeitsplatz. Es zeugt von Professionalität, wenn wir die Zeit, die wir dort verbringen, vorher festlegen und für Ungestörtheit sorgen, um konzentriert und effektiv unsere Aufgaben zu erledigen. Mancher Lehrer kann am Zustand seines Schreibtisches das Ausmaß seiner Erschöpfung ablesen. Die notwendigen Arbeiten werden irgendwie gemacht, zum Ordnen bleibt keine Zeit. Von Wohlfühlen und Selbstliebe kann an diesem Platz schon gar keine Rede mehr sein. Unsere Zeit am Schreibtisch ist auch Lebenszeit, in der es uns so gut wie möglich gehen sollte. Daher lohnt es sich, genau zu planen, wie dieser Raum eine angenehme Atmosphäre erhalten und so organisiert werden könnte, dass wir uns wohlfühlen (ergonomischer Arbeitsstuhl, gutes Licht, Frischluft etc.) und effektiver arbeiten können. Alles häufig Gebrauchte haben wir bequem in Griffweite und alle Arbeitsmaterialien sind so organisiert, dass wir keine Zeit mehr mit Suchen verlieren. Bei der Umstrukturierung können uns auch Tipps von befreundeten Kollegen helfen.

Da wir unsere Arbeitszeit am Schreibtisch so effektiv wie möglich erledigen wollen, zahlt sich die Investition von Planungs- und Organisationszeit um ein Vielfaches aus. Dazu gehört auch eine sofortige Ablage in die richtigen Ordner. Alles, was wir „irgendwann sicher einmal" brauchen können, muss aufgrund eines Index (in den Ordnern im Regal oder im PC) leicht zu finden sein.

D. Linde, *Pädagogen-Burnout vermeiden,* essentials,
DOI 10.1007/978-3-658-12858-6_2

TIPP: Womit Sie sofort anfangen können

- Ich organisiere meinen Arbeitsplatz so, dass ich mich wohlfühle und effektiver arbeiten kann.

2.2 Unterrichtsvorbereitung und Korrekturen

Der Unterrichtsstoff ist durch den Lehrplan weitgehend vorgegeben. Daraus ergeben sich die Unterrichtsthemen. Diese verteilen wir über das Schuljahr, am besten gemeinsam in der Fachkonferenz. Dabei könnten dann gleich die Sachlernziele und die Termine für die Vergleichsarbeiten festgelegt werden. Wir planen von vornherein etwa die Anzahl der Stunden für ein Thema und den groben Aufbau der Einheit. In der Fachkonferenz können wir Arbeit aufteilen, so dass wir arbeitsteilig Material für den selbstverantworteten Unterricht, das Stationslernen usw. vorbereiten und uns um die rechtzeitige Bestellung von Unterrichtsfilmen und Versuchsmaterial kümmern. Sind dann der Einstieg mit der Motivation für das Thema und die letzten Stunden vor dem Abschlusstest bzw. der Präsentation der Arbeiten gut vorbereitet, kann der Rest ohne lange, weitere Überlegungen schnell erledigt werden.

Da wir im Sinne unserer Lebensbalance ökonomisch arbeiten wollen, sollten wir nicht ein Maximum, sondern ein Optimum anstreben. Für die einzelne Unterrichtstunde notieren wir (zur Entlastung unseres Gedächtnisses) die Lern- und Handlungsziele, den Einstieg, die Teilziele und den Abschluss mit grober Zeiteinteilung, sowie das erforderliche Material. Damit haben wir Leerlauf vermieden, was in schwierigen Klassen von besonderer Bedeutung ist, und von unserer Seite aus eine reibungslose Stunde vorbereitet.

In vielen Fächern ist die Bewältigung der Korrekturarbeit eine echte Herausforderung. Wenn unsere Lebensbalance dadurch nicht aus dem Gleichgewicht kommen soll, müssen wir effektiv arbeiten. Zwei Hauptfehler sollten wir uns auf jeden Fall ersparen: Korrekturen vor uns herzuschieben und Perfektionismus bei der Korrektur. Wir denken an Senecas Ausspruch: *„Der größte Verlust für das Leben ist das Hinausschieben.“*, denn dabei wird die Last immer schwerer. Haben wir bei der Jahresplanung die Arbeiten gut verteilt, so häufen sie sich nicht alle auf einmal auf unserem Schreibtisch. Perfektionismus wäre es, dieselben Arbeiten wieder und wieder vorzunehmen und mit anderen gleich benoteten zu vergleichen. Wir legen bei der Planung der Arbeit, wenn möglich gemeinsam mit Fachkollegen, den Erwartungshorizont und die Bewertungskriterien so genau wie möglich fest. Das schränkt das „Brüten“ über einer Beurteilung ein und kann dann auch den Schülern (oder deren Eltern) erklärt werden, die eine Begründung für die Zensur wünschen.

Bei Arbeiten mit verschiedenen Teilen korrigieren wir jeweils einen Teil in allen Arbeiten durch. So ist die Gleichbehandlung am besten gewährleistet, und es geht schneller. Die Korrekturarbeit findet Platz in unserem Tagesplan, wieder im Sinne unserer Lebensbalance und unseres Wohlbefindens.

TIPPS: Womit Sie sofort anfangen können

- Meine Unterrichtsthemen werden für das ganze Schuljahr inhaltlich und zeitlich so geplant, dass die tägliche Vorbereitung schnell und effektiv vonstatten geht.
- Klassenarbeiten werden so terminiert, dass sie sich nicht häufen.
- Ich plane die Zeitdauer, die ich für Korrekturen verwende, in meinem Tages- bzw. Wochenplan ein.
- Meine Korrekturkriterien sind so sorgfältig wie möglich vorher festgelegt.

2.3 Weitere Schreibtischarbeit, kollegiale Zusammenarbeit, Elternarbeit

In den letzten Jahren hat der Aufwand für Verwaltungsaufgaben immer mehr zugenommen. Wir erstellen nicht nur zweimal im Jahr Zeugnisse, die in den Grundschulklassen als frei formulierte Berichtszeugnisse ohne Ziffernzensuren noch mehr Arbeit erfordern, sondern auch detaillierte Berichte zum Leistungsstand und fachbezogene Kompetenzraster. Daraus folgen die Lernstandsanalysen. Wir werden auch verpflichtet, aufwendige Evaluationen durchzuführen, neben Anmeldungen z. B. für die Berufsberatung. Die Einträge im Klassenbuch mit den Unterrichtsthemen und Anwesenheitslisten bleiben dabei selbstverständlich bestehen. Dazu kommen Elternbriefe, Fehlzeitenmeldungen usw.

Je besser wir uns auch diese Arbeiten organisieren, umso leichter haben wir es, nichts zu vergessen, und um das gute Gefühl des Überblicks zu haben, tun wir auch das schriftlich. Das Stressgefühl, etwas versäumt zu haben, entfällt. Täglich oder wöchentlich wiederkehrende Aufgaben erledigen wir sofort. Das spart viel Energie. Wir können es unseren guten Gewohnheiten hinzufügen. Häufige und sorgfältige Einträge ins Notenbuch erleichtern uns die Zensurengebung. Für alle Arten von Berichten, auch für Lernstandsanalysen und Berichtszeugnisse, erstellen wir uns, evtl. arbeitsteilig mit Kollegen, Textbausteine. Dieser Aufwand zahlt sich spürbar aus. Kompetenzraster sollten sowieso im Bereich der Fachkonferenz entwickelt werden. Vordrucke für alle Verwaltungsvorgänge erleichtern und beschleunigen die Arbeit. Konferenzprotokolle tippen wir schon während der Konferenz in den PC. Dann können wir es am selben Abend, kritisch durchsehen, ausdrucken und sind davon nicht weiter belastet. Eine besondere Stressersparnis bedeutet es, wenn wir grundsätzlich alles, was sich sofort erledigen lässt, auch sofort tun. Dadurch baut sich Zeitdruck ab.

Eine weitere Hilfsmaßnahme gegen Lehrerstress ist die Zusammenarbeit mit Kollegen. Wir können uns dadurch viel unökonomische Arbeit sparen. Die Kollegen des gleichen Fachs und/oder der gleichen Klassenstufe sitzen mit uns im selben Boot. Manchmal stehen wir uns da durch unsere berufliche Sozialisation als Einzelkämpfer im Weg. Das Rad muss nicht jeder neu erfinden. Wir können Arbeitsmaterial untereinander austauschen, arbeitsteilig Vordrucke, Checklisten und Textbausteine entwickeln und vieles mehr. Miteinander erarbeitete Unterrichtsthemen wirken stressreduzierend. Auch der tägliche Vorbereitungsaufwand wird geringer. Ein weiterer Vorteil der Teamarbeit ist die kollegiale Fallberatung, in der Konflikte aufgearbeitet werden können. Jeder bringt seine eigenen Erfahrungen ein. Das hat einen synergetischen Effekt, der uns bei Schwierigkeiten hilft.

Auch Fortbildungen können uns die Arbeit sehr erleichtern. Der Aufwand dafür kann uns vielfachen (auch zeitlichen) Nutzen einbringen. Zum Beispiel kann ein Seminar zum Umgang mit dem Whiteboard uns eine Menge Frust ersparen und uns und die Schüler durch die besonderen Möglichkeiten damit sehr motivieren.

Ein weiterer wichtiger Bereich unserer außerunterrichtlichen Pflichten ist die Elternarbeit. Um sie stressreduzierend zu gestalten, machen wir uns und auch immer wieder den Eltern bewusst, dass wir das gleiche Ziel haben. Beide Seiten wünschen sich, dass die Kinder gerne zur Schule kommen und dort individuell angemessen gefördert werden. Viele Eltern lassen sich zur Mitarbeit gewinnen und sorgen dafür, dass die Kinder ihre Hausaufgaben machen, d. h. üben, was sie noch nicht sicher können. Dabei müssen wir natürlich erfahren, was ein Kind ggf. noch nicht verstanden hat. Viele Eltern helfen, auch besonders in der Grundschule, indem sie Ausflüge begleiten oder Schulfeste mit vorbereiten u. Ä.

Schwierigkeiten mit den Eltern kann es geben, wenn sie an der Schule kein Interesse haben und ihre Kinder entsprechend die Schule schwänzen lassen oder Verhaltensauffälligkeiten negieren: *„Zu Hause ist er nie so!“* Ebenso belastend können für uns besonders ehrgeizige Eltern sein, die ihr Kind unbedingt in eine Schulform wechseln lassen wollen, der es nicht gewachsen ist. Bei Aggressionen der Eltern, die oft selbst über keine angenehmen Schulerfahrungen verfügen und u. U. ihr Kind mit Hilfe von Anwälten z. B. ins Gymnasium klagen wollen, besinnen wir uns auf unsere professionelle Distanz. Das bedeutet, wir entspannen uns und stellen achtsam unsere eigenen Gefühle zurück. Dann konzentrieren wir uns auf das Problem des Gegenübers. Nur so gelingt es uns mit Empathie (s. Kap. 1.2), den Eltern das Gefühl zu geben, wertgeschätzt und verstanden zu werden. Das hilft beiden Teilen, wirkt auf jeden Fall deeskalierend und kann eine Konfliktlösung vorbereiten. Wir achten auf unsere ruhige, positive Sprache. Eine Einigung ist auch das Beste für das Kind, um nicht zwischen Eltern und Lehrer zu stehen. Grundsätzlich werden Konflikte mit Eltern nicht am Telefon besprochen, sondern zu einem vereinbarten Termin in der Sprechstunde in der Schule.

TIPPS: Womit Sie sofort anfangen können

- Zur Erleichterung meiner Organisation sorge ich für Checklisten, Vordrucke und Textbausteine.
- Ich entwickele Routinen, um Ablagen und wiederkehrende Verpflichtungen sofort zu erledigen.
- Ich finde heraus, welche stressreduzierenden Möglichkeiten der kollegialen Zusammenarbeit es in meinem Kollegium gibt.
- Ich nehme aktive Hilfe von Eltern dankbar an.
- Bei Problemen mit Eltern bleibe ich entspannt, vermeide achtsam persönliche Betroffenheit und verwende eine positive Sprache.

3 Wie Sie Ihre eigene und die Motivation der Schüler steigern können

Unser gesamtes Verhalten ist durch Motive begründet. Wir haben körperliche und emotionale Bedürfnisse. Je stärker sie sind, desto mehr Einsatz zeigen wir für unsere Zielerreichung. Intrinsisch motiviert sind wir, wenn wir etwas um seiner selbst willen tun, also wenn wir Lust und Freude dabei und bei der Zielerreichung empfinden. Diese Art der Motivation lässt sich sehr gut an Kleinkindern beobachten. Sie strengen sich enorm an, um z. B. an etwas heranzukommen, was sie möchten. Extrinsisch motiviert sind wir, wenn wir etwas für eine Belohnung tun oder um eine Bestrafung zu vermeiden. Dabei sind auch die soziale Rolle und die Erwartungen des Umfeldes von Bedeutung. Jede Art von Pflichterfüllung, zu der man gerade keine Lust hat, fällt darunter. Zum Beispiel bringen wir unsere Küche in Ordnung, nicht weil uns das so viel Spaß macht, sondern um eine saubere Küche zu haben. Je stärker wir motiviert sind, desto größer sind unsere Willenskraft und unser Einsatz zur Zielerreichung. Das steigert natürlich die Erfolgswahrscheinlichkeit. Und umgekehrt sind wir stärker motiviert, wenn wir einen sicheren Erfolg erwarten.

3.1 Was motiviert Sie?

Sie sind einmal Lehrer geworden, weil Sie wirklich Lust dazu hatten, Schüler zu unterrichten und auf das Leben vorzubereiten. Sie waren also intrinsisch und damit stark motiviert. Vielleicht sind Sie nun als gestresster Lehrer so erschöpft, dass Sie Ihre ursprünglichen Motive kaum nachvollziehen können. Dann lohnt es sich, über Änderungen nachzudenken. Die Beschäftigung mit unserer eigenen Motivation hilft uns selbst, und wir können auch besser verstehen, was unsere Schüler antreibt. Wir überlegen also in Ruhe, welche Tätigkeiten wir am Tag ausführen und aus welchen Gründen wir das tun. Welche davon machen uns wirklich Freude?

D. Linde, *Pädagogen-Burnout vermeiden,* essentials,
DOI 10.1007/978-3-658-12858-6_3

Und wie können wir diese vermehren? Dabei trennen wir nach den Bereichen der Lebensbalance und entwickeln Ideen:

- Was tun wir für unseren Körper? Was könnten wir tun, damit uns das noch mehr Freude macht?
- Was tun wir für unsere Lebensfreude? Ist es genug? Was wünschen wir uns, und wie können wir das verwirklichen?
- Was tun wir für unsere Familie und unsere Freundschaften? Wir wissen, dass Beziehungen gepflegt werden müssen und dadurch eine Quelle der Lebensfreude sein können.
- Was tun wir für unsere Arbeit außerhalb des Berufes? Wie können wir uns diese leichter machen?
- Wie sieht unsere Arbeit am Schularbeitsplatz aus? Was macht uns Freude? Wie könnten wir noch mehr Freude und Lust am Unterricht empfinden? Sammeln wir das Positive und untersuchen, wie wir das vermehren können.
- Wie steht es mit unserem zweiten Arbeitsplatz zu Hause? Ist er so organisiert, dass wir schnell finden, was wir brauchen und effektiv arbeiten können. Lassen wir Zeitdieben Einlass, z. B. Perfektionismus, Unordnung, fehlende Trennung von Privatem und Beruflichen, Störungen von außen usw.

Richten wir also unseren Geist auf das Ziel, möglichst viel Freude jeden Tag zu erleben. Das bedeutet nicht, dass wir immer intrinsisch motiviert sein müssen. Das wäre auch unmöglich. Jedoch wenn uns ein Ziel lohnend genug erscheint, mobilisiert das enorme Kräfte, Durststrecken zu überwinden. Je mehr es uns gelingt, dafür unseren Spannungsbogen zu verlängern, desto wertvollere Ziele können wir erreichen. Unterwegs belohnen wir uns selbst, indem wir uns viel Anerkennung für unsere Ausdauer geben.

TIPPS: Womit Sie sofort anfangen können

- *Ich überlege, in welchen Bereichen mein Leben unausgewogen verläuft und wie ich meine Lebensbalance zur Steigerung meiner Motivation verbessern kann.*
- *Ich sammle Ideen, wie ich mehr Freude in meine Arbeit in der Schule bringen kann.*
- *Meinen häuslichen Arbeitsplatz organisiere ich so, dass ich effektiver arbeite und mehr Spaß und Befriedigung dabei empfinde.*

3.2 Was motiviert Ihre Schüler?

Auch im Leben unserer Schüler gibt es außerhalb der Schule noch andere Lebensbereiche. Oft spielen diese für sie noch eine größere Rolle als die Schule. Das können auf der positiven Seite z. B. intensiv betriebene Hobbys sein. Freizeitbeschäftigungen sind für alle sehr wichtig. Auf der negativen Seite kann es aber auch z. B. häusliche Belastungen geben, denen sie entfliehen wollen oder Selbstwertprobleme innerhalb der Klasse, die große Bereiche des Verhaltens motivieren. Es verbessert die überaus wichtige Lehrer-Schüler- Beziehung, je mehr wir über das persönliche Leben unserer Schüler wissen, und desto leichter fällt es uns dann auch, sie zu motivieren.

In der Schule gilt es, alles was **demotivierend** wirken könnte, soweit wie möglich **auszuschließen**. Dazu gehören zunächst äußere Gegebenheiten wie Licht und Raumtemperatur. In der Grundschule ist auch ein gemeinsames Frühstück hilfreich, damit die Kinder nicht hungrig in der Klasse sitzen. Oft müssen wir da in die entsprechende Elternarbeit investieren, damit jedes Kind ein Schulbrot und ein Getränk hat und selbst entsprechende „Reserven" für Notfälle bereit halten. Hat jedes Kind einen Platz, an dem es gut sehen kann und sich auch sozial wohlfühlt? Sonst sind Störungen schon vorprogrammiert. Insgesamt bedeutet Schülermotivation, dass wir die Bedingungen schaffen, unter denen sich die Schüler selbst motivieren können.

Zu den Voraussetzungen für die spätere Leistungsmotivation gehören auch die Ordnung in der Klasse und die Klassenregeln. Die Ordnung besagt, dass für jeden Schüler, alles was er braucht, vorhanden ist und entsprechend abgeheftet und aufräumt wird. In diese klare Form der Organisation müssen wir anfangs viel investieren, aber die Ernte wird die Schüler und uns hoch belohnen. Wir vermeiden den sonst unausweichlichen Stress im Vorwege. Die Klassenregeln erarbeiten wir mit den Schülern gemeinsam, natürlich in Übereinstimmung mit den allgemeinen Schulregeln. Die Motivation Regeln einzuhalten, ist bei selbst mit-bestimmten deutlich größer. Auch die Konsequenzen bei Regelübertretungen werden gemeinsam festgelegt, z. B. was passiert bei der Beschäftigung mit dem Handy im Unterricht? Oder welche Folgen hat es, wenn ein Schüler bei der Arbeit mit dem Internet in seinen Facebook-Account geht? So richtet sich der Ärger über die unangenehmen Konsequenzen der Normverletzungen nicht gegen uns persönlich und beschädigt dadurch das Lehrer-Schüler-Verhältnis. Genau wie uns selbst Erfolge motivieren, so ist es auch bei den Schülern. Deshalb ist es hilfreich, ihnen ihre guten Ergebnisse bewusst zu machen, z. B. mit Hilfe des Logbuches, wenn sie am Ende der Stunde etwas Zeit bekommen, dort einzutragen, was sie gelernt haben und sich dabei mit kleinen Zeichen, wie bis zu fünf Sternchen oder Smileys, selbst einschätzen. So wie die Regeln, so sind auch Rituale hilfreich bei der äußeren Gestaltung des Unterrichts, angefangen beim Stille-Zeichen bis hin zu Geburtstagsfeiern usw., weil sie Verhaltenssicherheit bewirken.

Nun überlegen wir, was Schüler, wenn keine weiteren Hinderungsgründe wie Streit und Konflikte vorhanden sind, für den Lernstoff motiviert. Allgemein gilt, alles was zur Erhellung des eigenen Lebensbereiches beiträgt, interessiert Schüler mehr, als Inhalte, die dem ferner liegen. Ein sehr großes Interesse an den Phänomenen der Welt ist besonders bei Grundschulkindern zu beobachten. Ist dabei der Unterricht abwechslungsreich mit viel Selbsttätigkeit, genügend Methodenwechsel und Bewegungsmöglichkeiten gestaltet, lassen sich die Kleinen für fast alles begeistern. Genießen wir das bewusst! Es stärkt auch unsere eigene Motivation. Außerdem müssen wir uns bewusst sein, dass die Kleinen oft auch nur uns zu Liebe etwas tun, was sie selbst noch nicht einsehen können.

Mit Beginn der Pubertät wird das anders. Die Veränderung des Körpers führt zu vielen Unsicherheiten, besonders das Selbstbild muss neu entwickelt werden. Die Orientierung an der peer group ist dabei vorherrschend. Die Pubertät wird manchmal auch als das zweite Trotzalter bezeichnet. Im ersten Trotzalter hat das Kleinkind gelernt, dass es ein eigenes Wesen ist, was „ich" sagen kann. Um dieses Gefühl auszukosten sagt es „nein", wobei es selten um die Sache geht, sondern um die Bestätigung dieses neuen Selbstbewusstseins. Im zweiten Trotzalter passiert etwas Ähnliches. Der junge Mensch hat wiederum eine neue Selbstständigkeit erlangt. Er könnte schon bis zum gewissen Grad für sich sorgen, entwickelt eine eigene, oft widersprechende Meinung, die vehement vertreten wird, um diese neue Abgrenzung zu manifestieren. Wollen wir diese Schüler motivieren, müssen sie sich in ihren Fragen, Sorgen und insbesondere in ihren Meinungen sehr ernst genommen fühlen. Erwachsene können häufig schon nicht damit umgehen, wenn jemand ihre Meinung angreift und widerspricht. Für Jugendliche ist es meist ganz unerträglich. Auch evtl. Provokationen könnten wir mit Verständnis für die schwierige Zeit, die die Kinder gerade durchleben, begegnen. Wir wissen ja, dass wir persönlich nicht gemeint sind. Haben wir aber doch einen Fehler gemacht, so nützen wir die Gelegenheit, zu zeigen, wie man offen und ehrlich dafür einsteht, ohne deshalb an Autorität zu verlieren. Da das Selbstwertgefühl in der Pubertät noch viel verletzlicher ist als in anderen Lebensphasen, müssen wir damit besonders vorsichtig umgehen. Die Angst, das Gesicht zu verlieren ist groß, und wir können helfen, es zu bewahren. Dafür ernten wir meistens sogar Dankbarkeit.

Im Jugendalter lernen die Schüler nicht mehr für uns. Dafür sind sie aber mit dem Hinweis auf Ziele, die sie selbst erreichen wollen, zu motivieren. Bei vielen ist auch der Spannungsbogen länger geworden. Die Ausdauer ist aber weiter wie in der Kindheit individuell verschieden und hängt immer vom Grad der Motivation ab. Gelingt es, den Lernstoff mit den persönlichen Bedürfnissen der Jugendlichen zu verbinden, so steigt das Interesse, z. B. wenn in Fremdsprachen Texte oder Dialoge durchgenommen werden, die mit dem Kennenlernen von Jugendlichen in anderen Ländern zu tun haben. Die persönliche Bedeutsamkeit des Lernstoffes ist das Entscheidende. Für alle Schüler gilt: Je begeisterter wir selbst vom Lernstoff sind, desto leichter können wir sie „packen, fesseln und mitreißen". Da das aber nicht immer möglich sein wird, machen wir uns klar, dass die Forderung nach ständiger intrinsischer Motivation lebensfremd ist. Besonders wenn die Schüler klein sind oder das Ziel, wie z. B. der Schulabschluss, in zu weiter Ferne liegt, können wir mit Belohnungen arbeiten. Das ist bei den Kleinen mit Tokens möglich, für die dann Verstärker eingetauscht werden können. Dabei nützen sich materielle Verstärker schnell ab, wobei Verhaltensverstärker (z. B. ein Ausflug auf die Eisbahn) den Schülerwünschen immer neu angepasst werden können. Wichtig ist dabei nur, dass das Verhalten, das verstärkt werden soll, eindeutig definiert ist, z. B. für die vollständig abgelieferte Hausaufgabe gibt es ein token, wobei eine schlechte Schrift, die eine Ermessensfrage wäre, nicht berücksichtigt wird. Um selbst im Gleichgewicht zu bleiben, müssen wir uns aber bewusst sein, dass nicht logischerweise wir etwas falsch gemacht haben, wenn ein Schüler nicht lernen will.

TIPPS: Womit Sie sofort anfangen können

- *Ich achte sorgsam darauf, dass meine Schüler nicht durch Störungen demotiviert werden.*
- *Ich gestalte, wo immer das möglich ist, meinen Unterricht so, dass die Schüler einen persönlichen Zugang zu den Inhalten finden.*
- *Ich weiß, dass niemand immer intrinsisch motiviert ist und arbeite bewusst mit Verstärkern.*

4 Wie Sie besser mit schwierigen Schülern zurechtkommen

Zu den besonderen Belastungen des Lehrers gehören Verhaltensschwierigkeiten der Schüler. Hier sind wir immer auch mit unserer ganzen Persönlichkeit gefordert.

4.1 Psychologische Hintergründe und Vorbeugung von Verhaltensschwierigkeiten

Unterrichtsstörungen sind Stressfaktoren, die Lehrer mit am stärksten beeinträchtigen. Sie können in manchen Fällen sogar derart massiv sein, dass es für die Schüler, die interessiert mitarbeiten wollen, nicht mehr möglich ist. Daraus folgt für viele Lehrer ein bedrückendes Gefühl von Unzulänglichkeit. Gewiss tun wir gut daran, viel in die Vorbeugung von Unterrichtsstörungen und Verhaltensschwierigkeiten zu investieren und unseren Handwerkskoffer mit Interventionsmöglichkeiten zu füllen (s. u.). Dennoch werden uns diese Schwierigkeiten als Herausforderungen unser Berufsleben lang begleiten. Das haben wir mehr oder minder mit allen Lehrern gemeinsam. Je besser wir diese Tatsache akzeptieren, desto entspannter gehen wir damit um. Es gibt keinen Grund, sich unzulänglich zu fühlen, wenn wir unser Bestes getan haben!

Betrachten wir die Gründe für Verhaltensschwierigkeiten der Schüler, so stellen wir fest, dass diese selbst ihr Fehlverhalten mehr oder minder in Ordnung finden, denn auch dieses folgt bestimmten (wenn auch dysfunktionalen) Regeln. Die Ausdrücke „Verhaltensschwierigkeit" und „Fehlverhalten" setzt einen Beobachter voraus, der Verhalten in dieser Weise beurteilt. Auch Unterrichtsstörungen werden individuell verschieden, abhängig vom Ausmaß der Störung, als solche bewertet. Dabei hat jeder Lehrer natürlich das Recht auf seinen eigenen Maßstab, den er ab und zu überprüft, indem er den Sachaspekt vom Interpretationsaspekt unterschei-

D. Linde, *Pädagogen-Burnout vermeiden,* essentials,
DOI 10.1007/978-3-658-12858-6_4

det. In jedem Fall ist es unsere Aufgabe, die Bedingungen zu schaffen, um Lernen für alle zu ermöglichen.

Viele Hintergründe für Verhaltensstörungen haben mit der Schule nichts zu tun, wie z. B. Familienprobleme wie Scheidung, unvollständige Familie, Migrationshintergrund mit Normen anderer Kulturkreise, Armut, bildungsfernes Elternhaus, Wohlstandsverwahrlosung, fehlende Gewissenserziehung, woraus sich Lügen, Stehlen und spontane, anlasslose Körperverletzungen ergeben können. Manche Kinder sind sich gar nicht bewusst, dass ihr Verhalten inakzeptabel ist, da die entsprechende Erziehung zu Hause fehlt. Daran sind wir Lehrer völlig unschuldig. Wir können versuchen, die betreffenden Kinder so gut wie möglich zu verstehen und ruhig und klar die Normen vermitteln. Dabei ist es wichtig, dass der betreffende Schüler, auch bei Respektlosigkeit uns gegenüber, nicht bloßgestellt wird und sein Gesicht wahren kann. Andernfalls lässt er sich kaum zu einem normgerechten Verhalten motivieren.

Zu den direkten Unterrichtsstörungen gehören vor allem (lautes) Reden, Schreien, Herumalbern, andere Schüler ärgern, Träumen und Arbeitsverweigerung. Dabei hängt die Anstrengungsbereitschaft in erster Linie von der Erfolgserwartung ab. Aus Versagensangst ergibt sich meist Arbeitsverweigerung. Sie kann passiv und eher unauffällig stattfinden oder laut und betont, um aus der Not eine Tugend zu machen. Zum Beispiel: *„Ich bin doch kein Streber. Das ist total doof.“*

Glücklicherweise haben wir eine Menge Möglichkeiten zur **Vorbeugung**. Diese bedenken wir vor den Reaktionen auf Fehlverhalten. Zunächst bemühen wir uns, ein entspanntes und authentisches **Lehrervorbild** sein. Die innere Ruhe ist die erste Lehrerpflicht im eigenen und im Interesse der Schüler. Dadurch ist es uns möglich, eine gute Lehrer-Schüler-Beziehung herzustellen, die eine entscheidende Grundlage jeglichen Schulunterrichts darstellt. Dazu kommen die **Klassenregeln**, die gemeinsam mit der Klasse erarbeitet und am Ende unterschrieben werden, mit den Konsequenzen bei Nichteinhaltung. Die Formulierung dieser Regeln ist immer positiv, d. h. der Schwerpunkt liegt auf der Anweisung *(Ich komme morgens und nach den Pausen pünktlich in den Unterricht.)*, keinesfalls auf der möglichen Normverletzung *(Ich darf nicht zu spät kommen.)*. Die dadurch geschaffene Verhaltenssicherheit stärkt auch die Motivation (s. o.). Die Regeln enthalten Anweisungen für die pünktliche, regelmäßige Teilnahme am Unterricht, für den Umgang mit den Arbeitsmitteln, das Verhalten in verschiedenen Phasen des Unterrichts wie Klassengespräch (mit den einzuübenden Gesprächsregeln), Gruppenarbeit, selbstverantwortete Freiarbeit usw. Darüber hinaus gibt es in jeder Schule allgemeine Schulregeln, die die Schüler und Eltern kennen sollten. Beide Regelwerke, Klassen- und Schulregeln werden auch den Eltern erklärt und von ihnen unterschrieben.

Die gemeinsame Erarbeitung der Klassenregeln gibt uns, wie der Morgenkreis in der Grundschule, der Klassenrat und die Streitschlichtung, Gelegenheit zur **Ge-**

sprächserziehung. Wir können unseren Schülern beibringen, Du-Botschaften in Ich-Botschaften zu verwandeln, Probleme ohne Schuldzuweisung darzustellen und mit Feedback umzugehen. Die meisten Kinder müssen erst lernen, wie sie ein Feedback gestalten, um anderen zunächst positives Feedback zu geben, oder auch, wie das genaue Zuhören funktioniert. Können die Schüler erst paraphrasieren, d. h. zuerst in eigenen Worten wiederholen, was der andere gesagt hat, bevor sie antworten, so erfahren sie, wie deeskalierend und verbindend es wirkt, verstanden zu werden. Dabei lernen sie etwas für ein besseres Leben.

Genauso sind **Rituale** sehr hilfreich. Der Beginn des Unterrichts wird mit einem verbindlichen Stillesignal, also einer Geste, einem Klang mit Klingel, Gong oder Klangschale, angekündigt. Es kann auch im Verlauf des Unterrichts zwischendurch zur Aufmerksamkeitszentrierung, z. B. beim Zusammentragen von Gruppen-Ergebnissen im Plenum, verwendet werden. Dieses Signal wird sich bei älteren Schülern nach gemeinsamer Absprache verändern. Zu den Ritualen gehören auch bestimmte wiederkehrende Abläufe (wie Gespräche im Stuhlkreis, Partnerarbeit beim Üben, Freiarbeitsstunden usw.), bei denen die Aufgabenstellung einem festgelegten Muster folgt. Dies dient wiederum der Verhaltenssicherheit, da Routine beruhigt. Die **Sitzordnung** erfüllt im Idealfall die Kriterien der Sympathie und der Arbeitsfähigkeit. Sie kann je nach Arbeitsanforderung flexibel gehandhabt werden. Daran müssten die Schüler gewöhnt werden, weil sich andernfalls Unstimmigkeiten ergeben.

Zu den Ritualen zählt auch im weitesten Sinn die Gestaltung des Klassenzimmers zum Wohlfühlraum für Schüler und Lehrer. Jessica Lütge (2009) spricht sogar von „Wellness im Klassenraum“. Die Dekoration wird von den Schülern hergestellt und entspricht Mottos und Unterrichtsthemen. Dazu gehören auch Pflanzen und Musik zum Beginn des Schultages, während der Frühstückspause und natürlich beim Aufräumen. Ein sinnvoll organisiertes Klassenzimmer, in dem jeder Schüler gleich findet, was er braucht und es entsprechend aufräumt, erspart eine Menge Stress. Mit einem motivierenden Tagesspruch, beruhigenden Bildern und einer Ruheinsel mit einer Blume in der Mitte können wir kleine Achtsamkeitsübungen einführen, die Aufregungen und Aggressionen entgegenwirken. Wir könnten Kurzentspannungen und Wellness-Massagen einführen, z. B. wir belegen eine Luxus-Pizza auf dem Rücken des Partners und lassen ihn spüren, was wir der Pizza gerade hinzufügen. Dabei lernen Schüler auch Berührungen ohne Aggression, was viele kaum kennen.

Einen primär entscheidenden Beitrag zur Vorbeugung von Störungen leistet die gute **Unterrichtsorganisation**. Bei Lektionen oder Vorträgen nach dem ehemaligen Motto: „*Alle schlafen, einer spricht, dieses nennt man Unterricht*“, bleiben höchstens Erwachsene noch diszipliniert, obwohl diese sich, wenn es möglich ist, nach und nach verabschieden. Mit Schülern funktioniert es gar nicht, da sie weder motiviert werden noch beschäftigt sind. Daher besteht unsere Vorbereitung daraus, einen Einstieg zu planen, mit dem wir Interesse wecken, unsere Lern- und Handlungsziele gut in Teilziele und Lernschritte zu gliedern, das nötige Material inklusive Differenzierungsmöglichkeiten bereitzuhalten und die motivierende Abwechslung zu berücksichtigen. Besonders bei Kindern mit Aufmerksamkeitsdefizitsyndrom ist Ablenkung zu vermeiden, z. B. bei der Stillarbeit. Auf dem Schülertisch liegen nur die aktuelle Arbeit und die Schreibutensilien. Diese Schüler brauchen eine möglichst reizarme Lernumgebung.

Im Unterricht sorgen wir dafür, dass alle Schüler gut beschäftigt sind. Die beste **Vorsorge gegen Fehlverhalten** treffen wir, wenn wir darauf achten, dass:

- ein motivierender Einstieg einen Bezug zu den Bedürfnissen der Schüler herstellt (entweder intrinsisch motiviert, weil der Lerngegenstand Freude macht, oder extrinsisch, weil er für vorgeschriebene Tests, den Schulabschluss usw. nötig ist).
- wir eine entspannte, lernfördernde Atmosphäre herstellen.
- wir für Abwechslung sorgen und gemäß dem entwicklungspädagogischen Unterricht (ETEP, s. Bergson und Luckfield 2012) in jede Stunde, wenn möglich, sowohl eine Bewegungsphase als auch eine kreative Phase einbauen.
- jeder Schüler den Ablauf und die Lernziele der Unterrichtsstunde kennt.
- jeder Schüler feststellen kann, wenn er ein Lernziel erreicht hat.
- jeder Schüler genau weiß, was er zu jedem Zeitpunkt tun soll (denn unbeschäftigte Schüler stören!).
- jeder Schüler die Aufgabe selbsttätig oder kooperativ bewältigen kann.
- jeder Schüler seinen Möglichkeiten entsprechend gefordert wird, d. h. dass die Arbeitsaufträge eine innere Differenzierung vorsehen.
- wir helfen, ermutigen und so viel positives Feedback wie möglich geben.

Zur Vorbeugung von Unterrichtsstörungen gehört auch die Gestaltung der **Pausen**. Sie dienen der Entspannung, der Kommunikation und der Befriedigung des Bewegungsdranges, der, je jünger die Kinder sind, umso größer ist. Damit dieses Bedürfnis auf friedliche Weise befriedigt wird, kann die Schule das unterstützen durch die Bereitstellung von Möglichkeiten zu Pausenspielen. Schaukeln, Wippen, ein Klettergerüst usw. machen den Schülern Spaß. In der Klasse könnten wir auch kleine Geräte bereithalten. Die Schüler können Ball spielen, Gummitwist hüpfen oder Seilspringen. Gibt es außerdem noch einen Entspannungsraum, hilft das den Ruhebedürftigen.

Selbst wenn wir alles richtig machen könnten, würde es weiter Unterrichtsstörungen geben. Diese Tatsache einfach als zu unserem Beruf gehörend zu akzeptieren, wobei wir natürlich nicht aufhören nach evtl. Fehlern bei uns selbst zu suchen, erspart uns eine Menge Stress. Sind die Ansprüche an uns selbst zu hoch, steigt unsere Stressgefährdung. Ob wir eine Situation mit Gelassenheit betrachten können oder sie absolut unerträglich finden, ist eine Frage der eigenen Beurteilung. Wir könnten uns entscheiden, unsere Bewertungen zu überprüfen. Zunächst sollten wir gut für uns selbst sorgen, indem wir nicht in eine unruhige Klasse hinein unterrichten. Das schadet unserer Stimme und unseren Nerven. Wir könnten manche Situationen von außen betrachten und so die nötige Distanz zum Geschehen bekommen. In jedem Fall sorgen wir für Achtsamkeit und Entspannung bei uns selbst. Nur wenn wir uns gut fühlen, uns selbst nicht kritisieren, sondern ermutigen, sind wir fähig, den Schülern mit der unabdingbaren Geduld und Wertschätzung zu begegnen. Sind wir freundlich zu uns selbst, so haben wir einen großen Vorrat an Freundlichkeit, um sie auch den für uns schwierigen Kindern zu geben. Wir behalten den professionellen Blick für das in der Situation Machbare. Wenn wir uns aber in den Strudel der Stressgefühle mit Wut und Ärger im Gepäck reißen lassen, stehen wir unter Spannung und haben keinen Zugang mehr zu den Ressourcen, die uns selbst und den Schülern helfen. Selbstliebe ist also ein wichtiger Teil der Selbsterziehung des Lehrers.

TIPPS: Womit Sie sofort anfangen können

- Ich bin mir möglichst häufig meiner Vorbildrolle als Lehrer bewusst.
- Ich denke über die Motive der Schüler für ihr Fehlverhalten nach.
- Ich überprüfe meine Ressourcen an vorbeugenden Maßnahmen (Klassenregeln und-rituale, Unterrichtsorganisation, Entspannungs- und Bewegungsmöglichkeiten für die Schüler) und entwickle sie weiter.
- Ich verstärke meine Gesprächserziehung mit Blick auf ihre vorbeugende Wirkung.
- Bei meiner Unterrichtsorganisation vermeide ich Leerlauf.

4.2 Verhalten beim Auftreten von Verhaltensschwierigkeiten

Je besser es uns gelingt, den „Anfängen zu wehren", also frühzeitig und unauffällig einzugreifen, wenn sich Fehlverhalten ankündigt, desto erfolgreicher sind wir. Das gelingt uns umso besser, je aufmerksamer wir auf die den Normverstößen vorausgehenden Signalreize achten. Jedes Verhalten wird von inneren oder äußeren **Signalreizen** ausgelöst, genauer davon wie der Signalreiz interpretiert wird. Zum Beispiel: Der Lehrer sieht *(Signalreiz)*, wie Ahmet versucht, bei Dennis abzugucken. Er vermutet, dass Dennis, sobald er das merkt, auf Ahmet losgehen wird

(Interpretation). Er geht zu dem Tisch der beiden und bedeutet Ahmet nonverbal, auf sein eigenes Heft zu gucken. *(Verhalten)* Ahmet befolgt das. Der Streit ist vermieden. *(Verstärkung)*. Durch frühzeitiges Eingreifen aufgrund der empfangenen Signalreize können viele Situationen im Vorwege schon entschärft werden.

Beim Auftreten von Fehlverhalten konzentrieren wir uns auf unsere eigene Entspannung und behalten dadurch die Ruhe. Das allein wirkt schon deeskalierend. Keinesfalls lassen wir uns auf Machtkämpfe ein und vermeiden es, Schüler bloßzustellen. Sie würden sich dafür außerdem an anderer Stelle rächen. Wenn wir Schüler auf ihr Fehlverhalten hinweisen, achten wir darauf, dass sie begreifen, dass nicht ihre Person, sondern nur das gegenwärtige unerwünschte Verhalten abgelehnt wird, d. h. die persönliche Wertschätzung bleibt erhalten. Das gelingt uns umso leichter, je liebevoller wir mit uns selbst umgehen, wenn wir etwas falsch gemacht haben. Eine weitere Regel ist, dass der Schwerpunkt unserer Äußerung, wie bei der Formulierung der Regeln, nicht auf dem Fehlverhalten, sondern auf der Anweisung liegt, was stattdessen gemacht werden sollte, z. B.: *ein Schüler droht einem anderen mit Schlägen. Der Lehrer sagt: „Stopp mal! Sag ihm lieber ganz genau, womit er dich ärgert.“*

Betrachten wir nun unseren „Handwerkskoffer“, wie Marita Bergson, die Hauptvertreterin des entwicklungspädagogischen Unterrichts (ETEP) die Reaktionsmöglichkeiten nennt (s. auch Linde 2015, Kap. 9.2.3):

Aufmerksamkeitszentrierung durch stumme Impulse, wie das Klopfen auf die Tafel, besondere Aufforderungen, wie: „alle Schüler sollen sich melden, die schon einmal…“ und bei sehr jungen Kindern auch kleine Bewegungsspiele mit den Händen. Dazu gehört das Stillesignal oder, z. B. bei großer Unruhe, etwas Verblüffendes an die Tafel schreiben.

Ablenken von Nebenbeschäftigungen, z. B. durch eine besondere Anerkennung, wie das Aufgreifen eines vorher geäußerten Schülervorschlags o. Ä.

Ignorieren: Normverstöße können dann ignoriert werden, wenn sie keine gravierendere Störung darstellen und zu erwarten ist, dass Schüler damit ohnehin gleich aufhören werden. Auch wenn wir grundsätzlich nicht in unruhige Klassen unterrichten, wäre es falsch, nicht anzufangen, weil (nur) zwei Schüler noch miteinander flüstern. Ignorieren kann auch die Strategie der Wahl sein, wenn wir mit dem Schüler allein sind und so tun können, als hätten wir nichts bemerkt oder gehört, z. B. eine Frechheit bei der Hofaufsicht.

Ermutigung hilft besonders, wenn Schüler nicht an eine Aufgabe herangehen wollen. Man kann sie erinnern, wie erfolgreich sie eine ähnliche schon bewältigt haben. Wir müssen aber beobachten, wie der Schüler damit umgeht.

Hilfen geben: Verweigern Schüler die Arbeit, hilft es oft, die nötigen Starthilfen zu geben oder Arbeitsmittel bereitzustellen, die die Aufgabe erleichtern.

Physischer Kontakt: Besonders Grundschüler sind oft zu beruhigen oder zu ermutigen, wenn man ihnen z. B. die Hand auf die Schulter legt. Wenn es möglich ist, zwei miteinander kämpfende Kinder zu trennen, werden wir auch hier körperlich eingreifen. Juristisch gesehen ist das Nothilfe.

Spiegeln: Unter Spiegeln versteht man eine genaue Beschreibung des beobachteten Verhaltens ohne jegliche Bewertung. Also z. B.: „Ich sehe, dass fünf Schüler den Zirkelkasten auf dem Tisch haben." Und nicht: „Ich sehe dass *schon* fünf Schüler den Zirkelkasten auf dem Tisch haben.", was bedeuten würde: „die anderen leider noch nicht". Vor allem, wenn ein erwünschtes Verhalten durch Verstärkung aufgebaut werden soll, ist das Spiegeln besonders geeignet. Auch Schüler, die mit Lob kaum umgehen können, bekommen gern eine Rückmeldung wie *„Diese Aufgaben sind alle richtig gerechnet".* Spiegelungen können viel öfter gegeben werden, da sie sich nicht abnutzen. Bei inakzeptablem Verhalten kann ebenfalls mit Spiegeln begonnen werden. Zum Beispiel: *„Du beschäftigst dich mit deinem Handy im Unterricht. Wie heißt die Regel? Was tust du jetzt?"* Auf diese Weise wird der Schüler nicht getadelt und behält die Verantwortung für sein Verhalten.

Entspannung oder Wechsel des Unterrichtsthemas: Ist die Klasse sehr aufgeregt, weil z. B. eine Hospitation stattgefunden hat oder ein großer Streit, an dem viele beteiligt waren, so kann die ursprüngliche Unterrichtsplanung nicht mehr umgesetzt werden. Dann ist es sinnvoll, gemeinsam über die Störung zu sprechen, damit die Schüler sie verarbeiten. Dabei ist wiederum besonders auf die Gesprächsregeln, die Verwendung von Ich-Botschaften und die Schritte zur partnerschaftlichen Konfliktlösung (s. Kap. 1.2) zu achten. Zur Entspannung dienen vor allem bei Grundschulkindern Phantasiereisen (z. B. Appel und Grosser 2013), die ihnen meist viel Freude machen. Auch ältere Schüler sind durch geführte Meditationen ansprechbar, wenn sie das vorher gelernt haben.

Grenzen setzen: Wir kommen nicht daran vorbei, dass unsere Schüler immer wieder Regeln verletzen und Grenzen austesten werden. Je früher wir die Grenze setzen, desto leichter ist es für beide Seiten. Wir müssen uns da noch keine besondere Mühe geben, um das sehr freundlich tun zu können. Durch diese ruhige Art erzeugen wir weniger Widerspruch. Je länger wir die Grenzverletzungen zulassen, desto stärker können sie werden. Manchmal empfiehlt es sich, zunächst Verständnis zu äußern für den Wunsch des Schülers nach dem unerlaubten Verhalten, bevor die Grenze klar und nicht personenbezogen bestätigt wird, z. B. *„Ich verstehe, dass du jetzt lieber herumlaufen möchtest, aber bei dieser Partnerarbeit müssen alle Kinder sitzen bleiben."*

Timeout: Unter Timeout verstehen wir die Herausnahme aus dem Unterricht bei besonders störendem Verhalten. Die leichteste Form davon ist das (freundliche) Angebot an den betreffenden Schüler hinauszugehen, z. B. bei einem länger dauernden Lachanfall, und von selbst hereinzukommen, wenn er wieder arbeitsbereit ist. Timeout kann auch im Gruppenraum der Klasse stattfinden, in dem sowohl die Timeoutregeln hängen als auch Beschäftigungsmöglichkeiten wie Malutensilien, Geduldsspiele und dergleichen vorhanden sind. Ist eine „Insel" oder ein „Auszeitraum" vorhanden, wo ein Sozialpädagoge sich der Kinder annehmen kann, gibt das Timeout die Möglichkeit zu einem Gespräch über die Befindlichkeit des Schülers und sein Fehlverhalten. Besteht diese Möglichkeit nicht, so kann das Versetzen in eine altersunterschiedliche andere Klasse sehr hilfreich sein. Der Sinn des Timeouts ist, einerseits die Klasse vor dem störenden Verhalten zu bewahren, andererseits dem entsprechenden Schüler die Verstärker, vor allem die Aufmerksamkeit seiner Mitschüler, zu nehmen.

Einzelgespräch: Das Gespräch mit einzelnen Schülern bei besonders schwerwiegenden Verhaltensauffälligkeiten ist eine zwar aufwendige, aber oft lohnende Aufgabe. In doppelt besetzten Unterrichtsstunden kann ein Lehrer mit dem betreffenden Schüler hinausgehen, einen ruhigen Ort suchen und zunächst versuchen, ihn zu beruhigen. Dabei hilft manchmal ein Glas Wasser. Je besser es uns gelingt, uns selbst in dieser Situation zu entspannen, desto leichter überträgt sich das auf den Schüler. Dazu trägt bei, dass dieser zuerst zu Wort kommt und erzählt, was bei ihm in der fraglichen Situation vorging. Wir hören zu und spiegeln, was wir verstanden haben. Dadurch fühlt sich das Kind ernst genommen und wertschätzend behandelt. Danach kann gemeinsam an einer Lösung gearbeitet werden. Natürlich steht der Schüler mehr hinter einer Lösung, die er selbst vorgeschlagen hat. Am Ende muss noch die Rückkehr in den Klassenraum vorbereitet werden, denn da können neue Provokationen von Mitschülern warten, auf die unser Schützling vorbereitet sein sollte.

Strafen sind die umstrittenste Maßnahme in der Pädagogik, da sie durch das zugefügte „Strafleid" die Lehrer-Schüler-Beziehung stören können. Andererseits hat das Verhalten von allen Menschen positive oder negative Konsequenzen, wobei die letzteren als Strafen erlebt werden. In der Schule ist es also wichtig, dass Strafen sozusagen personenneutral erfolgen, quasi automatisch: Aus der Verletzung dieser Regel erfolgt jene Konsequenz. Die „besten" Strafen sind die Wiedergutmachungen, z. B. etwas ersetzen, etwas nacharbeiten, reinigen, reparieren usw. Sie tilgen die Schuld, und die Sache ist erledigt. Im weitesten Sinne gehört hierzu auch der Täter-Opfer-Ausgleich. Strafen, die in direktem Zusammenhang mit der Tat stehen, können vom Täter am besten verkraftet werden. Bei den anderen Strafen, wie z. B. ein paar Tage Schulverbot, ist es wichtig, möglichst die Einsicht des Täters zu bewirken. Das geht umso leichter, je mehr wir unser Bedauern vermitteln, dass er sich in diese Situation gebracht hat und wir ihm glauben, dass er sich bemühen wird, es nicht wieder zu tun.

TIPPS: Womit Sie sofort anfangen können

- Immer, wenn Verhaltensschwierigkeiten auftreten, erinnere ich mich daran, dass sie zum Berufsbild gehören und nicht unbedingt meine Schuld sind.
- Ich lerne immer besser, Signalreize für Fehlverhalten frühzeitig zu erkennen.
- Ich setze die Grenzen früh und freundlich.
- Ich untersuche, welche Interventionsmöglichkeiten ich häufiger verwenden möchte. Ich mache zwischendurch „Trockenübungen" für mein Reaktionsrepertoire beim Auftreten von Störungen.

4.3 Umgang mit Aggressionen im Besonderen

Da Aggressionen von Schülern zu den Stressfaktoren gehören, die Lehrer in der Schule am meisten belasten, sollen sie hier extra betrachtet werden. So wie bei Verhaltensschwierigkeiten insgesamt, so gibt es auch hier **Präventionsmöglichkeiten**. Alles, was wir hier investieren, hilft uns und den Schülern, diese Probleme besser zu bewältigen. Wir können Unterrichtsinhalte wählen, die die Sozialkompetenz verbessern, und damit ihre Empathiefähigkeit steigern. Dazu gehört, dass die Schüler lernen, ihre eigenen Reaktionen besser zu verstehen und zu steuern. Dabei kann ihnen bewusst werden, dass sie eigene Unsicherheit zeigen, wenn sie andere anmachen mit Bemerkungen wie „Was guckst du!". Sie begreifen den Zusammenhang zwischen Gefühlen und Verhalten. Wir können den Sprachschatz für Ärger, Wut und Konflikte erweitern und sie fair Streiten lehren. Es ist zumindest für Jungen nachgewiesen, dass sie, je mangelhafter ihr Sprachvermögen ist, sowohl das allgemeine als auch das Konfliktsprache-Potential, desto schneller zu körperlichen Aggressionen übergehen (Linde 1975).

Zur Prävention auf Lehrerseite gehört, dass wir uns besonders in diesem Bereich des hohen Maßes, in dem unser Lehrervorbild wirkt, bewusst sind. Wir arbeiten an uns, um auch in aggressiv aufgeladenen Situationen entspannt zu bleiben (s. Abschn. 1.1) und uns respektvoll zu verhalten. Das trägt in aggressiven Situationen sehr zur Deeskalation bei. Es kann besonders für Lehrerinnen in Brennpunktschulen nützlich sein, an einem Selbstverteidigungskurs teilzunehmen. Das Bewusstsein, sich wehren zu können, bewirkt eine stärkere Ausstrahlung. Man kann sich ggf. sogar als Anti-Gewalt-Trainer ausbilden lassen. Vor allem ist es unerlässlich, dass wir gut beobachten, was in der Klasse vorgeht. Je früher wir die Aggressionen kommen sehen, desto größer sind unsere Möglichkeiten, sie zu verhindern. Selbstverständlich achten wir im Unterricht darauf, dass wir nicht womöglich durch Über- oder Unterforderung Aggressionen Vorschub leisten.

Wir haben mit verschiedenen **Formen** von Aggressionen zu tun. Dabei sind Aggressionen gegen Sachen am einfachsten zu regeln. Für insbesondere absichtliche Sachbeschädigungen sind die Konsequenzen als Wiedergutmachungen festgelegt. Aggressionen der Schüler untereinander beginnen meist mit verbalen Angriffen in Fäkalsprache, gefolgt oder begleitet von körpersprachlichem Ausdruck wie Zeigen des Mittelfingers, erhobener Faust oder vorgerecktem Oberkörper. Die Motivation für dieses Verhalten kann vielerlei Gründe haben. Einer davon ist sicherlich, die Hackordnung in der Klasse festzulegen. Es kann sich als nützlich erweisen, mit Hilfe eines Soziogramms die Hintergründe der Gruppendynamik zu erkennen. Im Sportunterricht ist z. B. das geregelte Kämpfen jeweils zu zweit auf der weichen Matte eine Möglichkeit, friedlich die Hackordnungsbedürfnisse zu erfüllen. Die Aggressionen der Schüler können sich aber besonders gegen Außenseiter vom einfachen Hänseln, was sie heute „Dissen" nennen, zum Mobbing und der besonders perfiden Art des Cybermobbing steigern.

Eine Herausforderung stellt es für uns als Lehrer dar, wenn sich die Aggressionen gegen uns selbst richten. Der persönlichen Betroffenheit begegnen wir mit achtsamer Entspannung. Dabei genügt zunächst der ruhige Blickkontakt. Wir sind uns bewusst, dass es zu unserem Beruf gehört, dass wir auch Aggressionen auf uns ziehen, genau wie das in anderen sozialen Berufen der Fall ist, und halten uns an unsere professionelle Distanz. Meist sind wir ja nicht einmal persönlich gemeint. In der Situation hilft uns sehr, darüber nachzudenken, was in dem aggressiven Schüler gerade vorgeht. Das macht unsere Reaktionen adäquater und souveräner.

Das erste Ziel aller **Interventionen** ist es zu deeskalieren. Darüber hinaus geht es um Hilfe für Täter und Opfer. Im akuten Fall des Angriffs hilft ein scharfes „STOPP!". Prügelnde Kontrahenten müssen nach Möglichkeit auseinander gebracht werden. Lehrer haben davor manchmal Angst, weil Schüler schreien, sie würden „Anzeige machen". Selbst wenn wir dabei einen Täter ein bisschen fester anpacken müssen, deckt uns hier der Nothilfeparagraph. Dann wird die Grenze gesetzt und an die Regel erinnert. Gegebenenfalls muss der Angreifer isoliert werden. Um aber dann so schnell wie möglich mit ihm sprechen zu können, bitten wir Mitschüler, sich um das Opfer zu kümmern. In dem Gespräch hören wir zunächst nur zu. Der Schüler reagiert sich dabei ab. Dann können wir durch Spiegeln und empathisches Verstehen dem Schüler helfen, sich selbst besser zu verstehen und im besten Fall eine Lösung erarbeiten. Ist das nicht möglich, so versuchen wir über einen Appell („Du weißt ja, dass …") die Folgen deutlich zu machen. Später sprechen wir auch mit dem Opfer darüber, wie es sich wehren kann bzw. aus der Opferrolle herauskommt. Wir ermutigen die Schüler, sich uns anzuvertrauen, wenn sie gequält oder gemobbt werden, und machen ihnen klar, dass das kein „Petzen" ist, da sie ja Betroffene sind.

Sind wir selbst das Ziel der Aggressionen behalten wir (s. o.) die Ruhe durch „Wegatmen" der eigenen Betroffenheit und der körperlichen Stressreaktion. Wenn Stresshormone unser Gehirn überschwemmen, können wir von ihm keine Bestleistung erwarten. Wir fragen, spiegeln und machen, besonders bei Bedrohungen, die Konsequenzen bewusst. Zum Beispiel: *„Ich verstehe, dass du so wütend bist, dass du mich am liebsten schlagen würdest. Du darfst das wünschen, tun darfst du es nicht."* In manchen Fällen kann es nötig sein, die Konsequenzen aufzuzeigen, die an der Schule in solchen Fällen erfolgen. Bei einem drohenden körperlichen Angriff nehmen wir abwehrend die Hände nach vorn, sagen laut und scharf „STOPP!" und treten einen Schritt zurück. Immer muss nach solchen Vorfällen ein ruhiges Gespräch folgen, ggf. mit Hilfe eines neutralen Kollegen. Wir erleichtern uns die professionelle Distanz, wenn wir über die (Hinter-)Gründe des Schülers nachdenken.

Abhängig von der Stärke und Häufigkeit der Schüleraggressionen können **Antiaggressionsprogramme,** u. U. mit Hilfe von außen, sinnvoll sein. Viele Schulen bilden inzwischen Schüler zu Streitschlichtern aus. Manchmal haben Gleichaltrige dabei Möglichkeiten, die Erwachsenen nicht offenstehen. Sie lernen auch ruhig und nicht wertend zuzuhören und sachlich zu reagieren. Sind wir selbst die Streitschlichter, so können wir mit der Verhaltenskette (*Signalreiz – Verhalten – Verstärkung*) (s. Abschn. 4.2) arbeiten. Dabei untersuchen wir mit dem Täter, an welchem Punkt die Wut kommt und welche Verhaltensalternativen dazu er ggf. findet. Antigewalt- und Coolness-Trainings können von externen Trainern für ganze Klassen durchgeführt werden. Manche Lehrer in sozialen Brennpunkten lassen sich selbst dazu ausbilden. Je früher die Eltern einbezogen werden, desto leichter gelingt die Zusammenarbeit. Eine besondere Hilfe leistet die Polizei nicht nur beim Verkehrsunterricht für die Kleinen. Der Cop4you unterrichtet auch, welche Handlungen, die die Schüler „ganz normal" finden (wie Beleidigung, Bedrohung, Körperverletzung, Stalking), Straftaten darstellen und wie sie im Erwachsenenstrafrecht geahndet werden. Als Lehrer sollten wir Hilfen von außen suchen und dankbar annehmen.

TIPPS: Womit Sie sofort anfangen können

- Ich bereite mich innerlich auf aggressives Schülerverhalten vor und arbeite mental an meiner Atmung, meiner Ruhe und meinen wertschätzenden und zielführenden Eingriffen.
- Ich beobachte meine Klasse so gut wie möglich, um bei Aggressionen frühzeitig eingreifen zu können.
- Ich ermutige die Schüler, sich mir anzuvertrauen, wenn sie Probleme mit anderen Kindern haben.
- Ich bin bereit, Hilfsmöglichkeiten von außen zu suchen.

Schluss

Sicher verwenden Sie viele der in diesem Buch vorliegenden Praxistipps bereits. Andere kennen sie zwar und wollten sie auch umsetzen, wurden jedoch vom Stress belasteten Alltag daran gehindert. Ihre wichtigsten Tipps in Ihre täglichen Arbeit einzubauen wird Ihnen müheloser gelingen, wenn Sie mit sich selbst besser, also wertschätzender und rücksichtsvoller umgehen, durch Achtsamkeit in schwierigen Situationen selbstverständlicher die Ruhe bewahren und sich für das, was nicht gelungen ist, Selbstmitgefühl schenken. Stressgefühle werden zu einem geringeren Teil durch das Ereignis selbst erzeugt, der Großteil ist das Ergebnis unserer Bewertungen. Ich wünsche Ihnen, dass Sie lernen, immer besser für sich selbst zu sorgen, zu Ihrem und zum Vorteil Ihrer Schüler, damit Sie wieder bewusst viele Glücksmomente in Ihrem Alltag erleben können.

D. Linde, *Pädagogen-Burnout vermeiden,* essentials,
DOI 10.1007/978-3-658-12858-6

Was Sie aus diesem Essential mitnehmen können

- Denkanstöße zum liebevolleren Umgang mit sich selbst, einschließlich Kommunikation und Zeitverwendung
- Impulse zur befriedigenderen Organisation des zweiten Arbeitsplatzes
- Überlegungen zu Motivation und Unterrichtsmanagement
- Möglichkeiten zur Förderung der Sozialkompetenz von Schülern
- Festigung oder Erweiterung des Repertoires zum Umgang mit Normverstößen

D. Linde, *Pädagogen-Burnout vermeiden,* essentials,
DOI 10.1007/978-3-658-12858-6

Literatur

Appel J, Grosser D (2013) Du bist nie allein! Meditationen und Fantasiereisen, die Kinderseelen stark machen. Schirner, Darmstadt

Bergson M, Luckfield H (2012) Umgang mit „schwierigen" Kindern. Cornelsen, Berlin

Birkenbihl V (1989) Freude durch Stress. Mvg, München

Brose K, Paffe W (2009) Survival für Lehrer. Vandenhoeck & Ruprecht, Göttingen

Frank H (2010) Lehrer am Limit. Gegensteuern und Durchstarten. Beltz, Weinheim

Gordon T (1977) Lehrer-Schüler-Konferenz. Heyne, München

Hillert A (2004) Das Anti-Burnout-Buch für Lehrer. Kösel, München

Jannon M (2010) Das Anti-Mobbing-Buch: Gewalt an der Schule – vorbeugen – erkennen – handeln. Beltz, Weinheim

Linde D (1975) Zusammenhänge zwischen körperlicher Aggressivität und verbalen Fähigkeiten bei Schulkindern. Unveröffentlichte Diplomarbeit, Universität Hamburg

Linde D (2015) Burnout vermeiden – Berufsfreude gewinnen. Praxisleitfaden zum Restart für Lehrer und pädagogische Fachkräfte. Springer, Heidelberg

Lütge J (2009) „Relax!" Entspannt Lehrer sein. Verlag an der Ruhr, Mülheim

Miller R (2011) Als Lehrer souverän sein. Von der Hilflosigkeit zur Autonomie. Beltz, Weinheim

Neff K (2012) Selbstmitgefühl. Kailash, München

Robbins A (1993) Das Robbins Power Prinzip. Heyne, München

Schaarschmidt U (Hrsg) (2004) Halbtagsjobber? Psychische Gesundheit im Lehrerberuf. Beltz, Weinheim

Schulz von Thun F (2010) Miteinander reden, Störungen und Klärungen. Allgemeine Psychologie der Kommunikation. Rowohlt, Reinbek

Schulz von Thun F, Stegemann W (Hrsg) (2004) Das innere Team in Aktion. Praktische Arbeit mit dem Modell. Rowohlt, Reinbek

Seiwert L (2007) Das neue 1 × 1 des Zeitmanagements. Zeiteinteilung, Selbstbestimmung, Lebensbalance. Gräfe und Unzer, München

Walther G (1992) Sag was du meinst und du bekommst was du willst. Econ, Berlin

D. Linde, *Pädagogen-Burnout vermeiden,* essentials,
DOI 10.1007/978-3-658-12858-6